KB247537

공부 제대로 하는 학생
공부에 휘둘리는 학생

초판 1쇄 인쇄 | 2010년 11월 15일
초판 1쇄 발행 | 2010년 11월 20일

지은이 | 신원식
펴낸이 | 조종현
펴낸곳 | 북오션

종 이 | 대한실업
출 력 | 푸른서울
인 쇄 | 정민문화
출판신고번호 | 제313-2007-000197호

주 소 | 서울시 마포구 서교동 468-2번지
이메일 | bookrose@naver.com
전 화 | (02)322-6709
팩 스 | (02)3143-3964

ISBN 978-89-93662-27-6 (13370)

*책값은 뒤표지에 있습니다.
*잘못 만들어진 책은 구입하신 서점에서 교환해 드립니다.

공부 제대로 하는 학생
공부에 휘둘리는 학생

| 신원식 지음 |

북오션

공부 잘하는 사람이 돼라!

지난해 초등학생을 위한 《똑똑한 특목고 공부법》을 출간한 이후 수없이 많은 학생들과 학부모들에게 상담 요청을 받았다. 필자의 책을 꼼꼼히 읽고 해결되지 않은 부분에 대해 추가 상담까지 요청하는 분들께 우선 그 정성과 열의에 존경을 표한다. 학습 상담을 진행해보면 많은 학부모들이 '공부에 성공한 학생들'이 쓴 학습 관련 에세이나 지침서를 참고한다는 사실을 알 수 있다. 단, 문제가 있었다. 그들을 롤모델로 삼으며 학습방법도 열심히 벤치마킹해보지만, 결국은 잘 안 된다는 것이 고민의 핵심이었다.

벤치마킹, 롤모델, 다 좋다. 하지만 벤치마킹을 하려면 체급과 능력 차이를 냉정하게 고려하고 인정해야 한다. 책을 낼 정도로 공부에 성공한 학생들은 정말로 비상한 학생들이다. 필자는 매월 등

록생만 수천 명이 넘는 학원을 10년간 운영하면서도 그 정도 실력의 학생을 본 것이 손에 꼽을 정도이다. 그런데 많은 학부모들과 학생들이 그들의 학습법을 적용하면서 내신 성적이나 실력을 향상하기 위해 애쓰고 있다.

상위 5퍼센트 안에 있는 학생들은 천차만별이다. 정말 대단히 뛰어난 우성인자를 갖고 태어나서 어릴 때부터 뭐든지 앞서가는 학생이 있는가 하면, 사춘기를 앓거나 방황하여 상위 80퍼센트까지 떨어졌다가 다시 상위 5퍼센트에 들어온 학생, 학업능력은 특별히 뛰어나지 않지만 올바른 학습방법과 꾸준한 노력으로 상위 5퍼센트 정도의 성적을 유지하는 학생까지 다양하게 있다.

그런데 종종 뛰어난 학생이나 그들을 가르친 선생들이 써놓은 책을 보면 마음이 무거워지는 것을 느낀다. 왜냐하면 대한민국 95퍼센트 학생들에게 걸맞은 방식이 아니라, 말 그대로 독특하고 톡톡 튀는 천재들의 학습법이기 때문이다.

필자는 이 책에 수없이 많은 상위 5퍼센트 학생들을 상대해보면서 그들이 갖고 있는 공통점을 정리해놓았다. 그리고 수많은 학부모들이 상위 5퍼센트 수준의 인격과 인성을 갖춘 자녀로 성장하길 바라는 마음인 걸 알기에 그에 따른 여러 가지 조언, 그리고 상위 5퍼센트 학생들의 인성적인 특징도 함께 담았다.

지난 책에 대한 감사의 인사를 받으면서 오히려 마음이 무거웠다. 모두가 올바른 학습법과 성적 향상에만 관심을 갖고 있는 이 시점에 필자 역시 너무 성적과 학습에 대한 이야기만 한 게 아닌가 하는 반성도 했다. 인성의 중요성과 매력적인 인격을 갖춘 청소년의 조건에 대해서도 이야기를 해야 한다는 사명감을 느낀다. 사랑하는 청소년들에게 좋은 학습법을 발굴하고 전수해야 하는 것이 교육계에 종사하는 한 사람으로서 마땅한 책임이란 사실도 잊지 않았다. 상담을 요청하는 많은 학생과 학부모들에게 미처 들려주지 못한 이야기도 모두 담았다.

"성공하는 인생을 위해 인성의 연마가 더 중요합니다"라고 말하고 싶었지만 당장 눈앞에 성적이 걱정이 돼 찾아온 학생과 학부모들에게 이야기하기 어려웠고, 또 그런 이야기가 얼마나 받아들여질지 스스로도 확신이 안 서 말하지 못했던 게 사실이다.

하지만 시대가 바뀌고 있다. 입학사정관제도 결국 인격과 품성, 구성원으로서의 인격과 자질을 보는 시스템이다. 언젠가 삼성그룹 이건희 회장도 "예전에 삼성은 선진 기업을 벤치마킹하고 따라가면서 1등의 반열에 빠르게 올랐지만 이제는 벤치마킹할 선진 기업이 없으니 자신과의 외로운 싸움을 해야 한다"고 말했다.

역으로 생각해보면 세계 1등의 수준만 아니라면 벤치마킹으로 남들이 한 노고를 자기 것으로 바꿀 수도 있다는 말이다. 이 책을 읽는 여러분도 훌륭한 벤치마킹으로 충분히 상위 5퍼센트 학생들을 따라잡고 어깨를 나란히 겨룰 수 있다. 천재와 보통 사람의 차이는 결코 크지 않다. 아인슈타인 같은 진짜 불세출의 천재가 아니고서야, 상위 5퍼센트를 유지하는 평범한 학생들은 조금 더 올바른 방법으로 꾸준히 노력을 하고 있을 뿐이다. 모르면 배우면 된다.

대한민국 청소년들이여, 열심히 배우자! 아무도 그대들의 운명을 대신해주지 않는다. 급변하고 요동치는 입시 정국에서도 공부를 잘하는 학생들이 인정받는다는 원칙은 단 한 번도 바뀐 적이 없다. 걱정하시 말고, 혼란스러워 하지 말고, 선배들의 조언에 귀를 기울이자. 지금부터 하고자 하는 이야기가 이 책을 접하는 청소년들의 앞날에 반드시 좋은 영양분이 되리라 확신한다. 공부법, 그리고 매력적인 인성 모두!

신원식

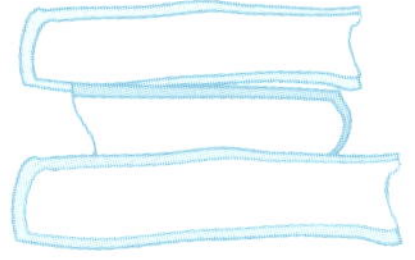

Contents

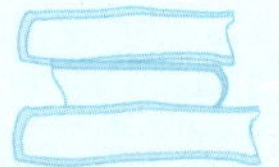

부록 입시 전문가가 뽑아준 족집게 학습법

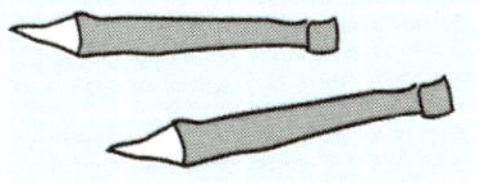

성공한 사람이 아니라,
가치 있는 사람이 되기 위해 힘써라.

_ 알버트 아인슈타인

내가 상위 5퍼센트에 들지 못하는 이유

Chapter 1

상담을 하다 보면 "왜 우리 아이 영어 실력은 늘 이 정도이고, 수학은 항상 이 수준인가" 하고 답답해하는 학부모들을 많이 만나게 된다. 또한 "왜 내 실력은 이것밖에 안 될까?" 하고 한탄하는 학생들의 말을 듣고 있으면 인간적으로 안타깝다. 어떻게든 자신감과 웃음을 주고 싶은 마음이 굴뚝같다. 많은 사람들이 "전에 다닌 학원에 문제가 있었다", "학습지만 몇 년을 했는데 아무런 도움이 안 됐다" 하고 하소연을 하지만 여기서 분명히 짚고 넘어가야 할 게 있다.

그게 어찌 학원 탓이고 학습지 탓이겠는가! 수없이 많은 전문가들이 머리를 맞대고 일궈냈을 학원이나 학습지는 다들 대동소이하다. 지금의 자신을 보고 "왜 나는 이 정도 실력밖에 안 될까?" 하지만 한숨 쉴 일 하나도 없다. 학원을 잘못 만났다거나, 학습지를 잘못 선택했다는 것은 다 핑계일 뿐이다. 그런 상황을 앞에 두고 투정 부리지 말자. 그 근원은 오로지 '나'에게 있다. 그 외에는 모두 부산물일 뿐이다. 지금 자신의 실력이 뛰어나다면 어제 열심히 공부한 결과이고, 실력이 떨어진다면 어제 빈둥거린 아주 정직한 결과이다. 공부만큼 인풋 대비 아웃풋이 정직한 분야도 드물다.

눈밭을 걸어가면서 뒤를 돌아보면 남은 발자국이 보인다. 강아지처럼 이리저리 뛰어가면 어수선한 발자국이 남고, 새색시처럼 가지런히 걸어가면 고운 발자국이 남는다. 마찬가지다. 지금 자신이 하고 있는 행동도 한 치의 오차도 없이 그 흔적이 남는다. 지금 실력이 부족한 건 과거에 공부를 소홀히 했기 때문이라는 것 외에 다른 이유는 없다.

착한 행동을 하면 선(善)의 흔적이 남고 악한 행동을 하면 악(惡)의 흔적이 남는다. 그리고 그 대가는 내일에 가서 고스란히 자기에게 돌아온다. 실력이 없다고 한숨 쉬지 말고 하루라도 빨리 이 진리를 깨닫는 것이 중요하다. 당장 상위 5퍼센트에 들어가지는 못해도 성공한 인생 상위 5퍼센트에 들어가는 데에는 확실한 밑거름이 될 거라 확신한다.

수학이 싫은 게 아니라 선생님이 싫어서 그래요

학생들과 상담을 하다 보면 선생님이 마음에 안 든다는 말을 참 많이들 한다. 가르치는 스타일, 말투, 다 마음에 안 든다는 학생부터 "발음도 안 좋고, 수업도 지루하고, 진도도 잘 못 맞춰서 시험 직전에 몰아서 나가고, 실력도 없다"는 등 다양한 이유들이 있다. 급기야 자기에게 맞는 선생님을 소개해달라고 요청한다. 학원 선생님은 이렇게 의견을 말하고 코드 맞는 선생님을 찾아 수업을 받을 수 있다.

하지만 학교 선생님은 다르다. 한 선생님과 함께 짧게는 1년, 길게는 3년까지도 함께 공부하게 된다. 그러니 선생님과 안 맞는 부분에 대해 고민을 토로하고 험담할 시간에 되도록 빨리 코드를 맞추는 게 현명한 처사이다. 죽이 잘 맞는 사람과 여행을 하는 것과 잘 맞지 않는 사람과 함께 여행을 하는 것 중에 어느 편이 더 즐거울까? 잘 맞지 않는 사람과 함께 의논하고, 이동하고, 밥 먹고, 잠자는 기분은 짐작이 갈 것이다. 학교생활은 긴 여행과도 같다. 그럼 그 긴 여행이 어떤 여행을 닮았으면 좋겠는가?

선생님을 싫어한 대가

학부모 세대라면 누구나 영어 선생님을 좋아해서 영어 공부를 열심히 하고, 수학 선생님 싫어해서 수학을 등한시한 기억이 있을 것이다. 본인들이 잘못한 게 아니라 선생님이 가르치는 방식 등 여러 가지로 본인과 안 맞아서 공부를 하기 싫었다고 '자신 있게' 핑계를 댄다. 본인뿐만 아니라 다들 그랬으니 손해 보는 느낌도, 뒤처지는 느낌도 없다. 그러면서 어떤 과목은 그 과목 선생님이 좋아서 열심히 했다는 이야기도 덧붙인다.

이유야 어떻든 공부를 등한시하면 결국 누구 손해일까? 피해를 보는 것은 자신뿐이다. 경쟁은 선생님에게 배우는 학생들하고만 경쟁하는 것이 아니라, 전국의 학생들과 함께 하고 있다. 그 선생님은 지금도 변함없이 학교에 있고, 또 그 선생님과 코드를 맞춘 학생들은 한걸음 앞으로 더 나가 있을 것이다. 선생님과 코드를 맞추고 함께 공부하는 것은 기분이 좋고 나쁨의 문제가 아니라 그 과목 성적이 전국의 동급생과 비교해서 어떤 위치에 있느냐는 아주 중요한 문제이다.

좋아하는 선생님의 수업을 들어야 더 즐겁게 공부하고, 보다 효율적인 학업능력을 끌어올릴 수 있다. 코드를 맞추라고 하면 선생님께 아부하라는 것이냐고 오해하는 학생도 있는데 아부와는 근본이 다르다.

선생님과 코드를 맞춰라! 학생이 싫어하는 선생님의 '어떤 스타일'이 바로 그 어렵다는 임용고시를 뚫고 학생들을 가르치고 있는 그 선생님의 경쟁력이다. 선생님을 싫어하고 그 과목을 등한시한다고 알아주는 사람은 아무도 없다. 결국 자신만 손해다. 학원에서 배우면 된다고 쉽게 생각할 수 있지만, 학교에서 보내는 시간을 생각하면 엄청난 시간 낭비요, 기본 공사 없이 인테리어를 하는 셈이다.

세상에 노력 없이 이루어지는 일은 절대 없다. 상위 5퍼센트를 꾸준히 유지하는 우등생들은 선생님과 코드를 맞추면서 공부를 한다는 점에 주목하라.

코드가 잘 맞는 선생님을 만나려면?

싫은 선생님은 극복할 대상이고, 좋은 선생님은 존경할 대상이고, 못 가르치는 선생님은 자율학습의 필요성을 가르쳐주는 대상일 뿐이다. 비난할 선생님도 없고 비난할 필요도 없다.

많은 학생들이 선생님에게 불만이 있으면 그 과목을 등한시하는 것으로 표출한다. 그래서 전과목 1등급이 어렵다는 학생도 있을 정도이다. 하지만 선생님과 대립하면 자신만 절대적으로 손해다.

무엇보다 중요한 것은 선생님에게 불만을 가지고 그 과목을 소홀히 하면 자기만 손해란 사실이다. 선생님은 그 자리에서 또 다른 학생들을 가르치고 있고, 그 선생님을 좋아하는 학생늘은 변함없이 공부를 열심히 한다. 어쨌든 우리는 선생님을 선택할 권리가 없다. 코드가 잘 맞는 선생님을 만나고 싶은 소망만큼 코드를 맞히기 위한 노력이 훨씬 더 현실적이다.

02

우리반 1등이랑 똑같은 문제집 풀고 있는데…

올림픽 구호 중 가장 유명한 것은 "참가하는 데 의의를 둔다"는 참여 정신이다. 참가하는 데 의의가 있는 게 올림픽이라면, 월드컵은 승리하는 데 의의가 있다. 경기에서 지면 그것으로 바로 끝나는 건 올림픽이나 월드컵이나 같은데, 그 태생적인 마인드가 달라서 축구 하나만을 겨루는 월드컵이 전 세계 인기 종목을 다 포함하고 있는 올림픽보다도 인기가 더 많다.

상위 5퍼센트를 지향하는 학생들 중에는 상위권 학생이 보는 문제집을 사고 그 문제집을 풀어보는 데 의의를 두는 경우가 상당히 많다. 열 문제를 풀어 서너 문제씩 틀리고 있음에도 예닐곱 문제를 맞혔다는 것만으로도 만족하는 학생들을 보면 낙천적이고 긍정적인 자세는 좋으나 상위 5퍼센트 진입을 위한 자세와는 거리가 멀다는 생각을 하게 된다. 참가에 의의를 두는 올림픽에 더 마음을 둔다면 상위 5퍼센트 진입은 상당히 어렵다.

문제집을 풀고 정답을 맞힌 성취감으로 만족한다면 지금의 성적을 유지하는 데 도움이 될지는 몰라도 실력이 향상되어 상위 5퍼센트 진입을 하는 데에는 큰 도움이 안 된다. 틀린 문제를 꼼꼼하게 살펴서 다시는 유사 문제에 틀리지 않아야 상위 10퍼센트, 9퍼센트, 8퍼센트로 조금씩 올라가 상위 5퍼센트에 안착할 수 있다.

상위 5퍼센트에 진입하지 못하고 있는 학생들의 특징은 공부의 의미를 제대로 이해하지 못하고 공부를 한다는 점이다. 문제집을 사용하는 진짜 공부는 틀린 문제를 다시 풀어 보고, 왜 틀렸는지를 알아가는 데서 시작한다. 자신이 틀린 문제는 자신과 비슷한 실력의 학생도 틀린다. 그 둘 사이의 실력 차이를 만드는 것은 틀린 문제를 누가 더 먼저 자기 것으로 만드느냐 하는 것이다.

문제집을 고르는 방식도 바꿔야 한다. 대부분 중상위권 학생들은 최상위권 학생들이 보는 문제집을 고르는 경향이 있다. 하지만 지금의 실력과 공부의 패턴, 자기만의 취향에 따라 문제집의 호불호가 달라진다. 문제의 구성, 순서, 편집 등을 꼼꼼히 따져보고 마음속으로 끌리는 문제집을 선택해야 오랫동안 애정을 갖고 공부를 할 수 있다.

학습 관련 정보를 섭렵하고도 제자리인 이유

필자의 학원에 전교 1등을 하고 싶은 의지와 노력, 열망만으로는 정말 전국 1등을 줘도 아깝지 않은 중3 재용(이하 가명)이가 있다. 참 열심히 하는데 매번 뭔가 갈팡질팡한다는 느낌을 받아 안타깝던 차에 이야기를 들어보니 학습법 관련 책이란 책은 죄다 읽어보고 따라한다고 했다. 그래서인지 공부하는 데에 필요한 기본적인 핵심도 잘 파악하고 독특하고 희한한 공부법도 줄줄 꿰고 있다.

그런 재용이가 왜 전교 1등은커녕 항상 서운한 수준에서 맴돌고 있을까? 본인도 그 부분이 가장 의문이라고 했다. "아하!" 하고 깨달은 공부법만도 수십 가지고, '이렇게 하면 정말 1등 할 것 같다'고 느끼며 배우고 적용한 것도 수십 번인데 막상 시험을 보면 제자리걸음이니 답답함이 가시지 않는다고 하소연했다.

이런 학생들이 의외로 많은데, 가장 중요한 한 가지를 망각하고 그런 지침서를 읽고 맹목적으로 따라한다는 게 문제다. 일단 타고난 천재성을 갖고 있는 학생들이 권하는 학습법은 사실 태어날 때부터 천재성을 갖고 있는 학생들에게나 유용하다. 초등학교 때부터 항상 최상위권에 머물러 있는 학생들이나 그들의 학부모가 학습에 관한 수기를 바탕으로 쓴 글이 그런 책으로 나온다.

그러나 그들은 공부를 못했던 경험이 없기에 그만큼 하는 게 당연하고 공부를 못하는 게 더 어려운 사람들이다. 그러므로 그들의 학습법 역시 큰 도움이 되긴 힘들다. 따라서 재용이처럼 평범하게 공부하고 평범한 실력을 갖고 있던 학생이 명문대를 합격하는 실력까지 갖추게 된 그 과정을 벤치마킹하는 것이 가장 좋다.

A급 롤모델 따라하기의 문제점

재용이는 책 속의 주인공 A를 롤모델로 삼았다고 한다. A는 하루 6시간 이상 잠을 충분히 자고, 주일에는 음악 동아리 활동으로 머리를 식히면서 공부했으며, 소설책을 읽으면서 스트레스를 잊었다. 학원은 다니지 않았고 독서실에서 자습을 하면서 잘 모르는 부분이 있으면 학교 선생님을 찾아가 해결했다. A처럼 되고 싶었던 재용이는 A를 철저히 모방했지만 성적은 오르지 않고 오히려 조금씩 떨어지는 것 같다고 했다.

재용이가 A를 벤치마킹하면서 잊은 게 있다. 전교 1등을 놓치지 않다가 해외 명문대에 진학한 A의 환경을 간과한 것이다. A가 재용이와 비슷한 시기에 무엇을 했고 어떤 생각을 했는지, 그것을 벤치마킹해야 한다. 이미 전교 1등의 자리에 오르고, 그것을 유지하기 위해 많은 선생님들이 관심을 갖고 지원해주는 A의 학습법을 재용이가 따라하는 건 조그만 중소기업이 삼성 같은 대기업이 되겠다고 삼성의 복지정책과 급여체계를 따라하는 것과 같은 이치이다. 중소기업은 중소기업 시절의 삼성이 했던 노력과 전략을 따라야 한다.

벤치마킹과 경쟁을 혼동하지 말아야 한다. 벤치마킹을 하려면 체급을 환산하고 시차를 고려해야 한다. 전교 1등의 실력을 추구하는 건 좋지만 전교 1등의 공부법을 평범한 성적의 학생에게 당장 적용하는 건 무리수다. 그들이 이뤄놓은 결과가 아니라, 힘겨웠던 성적 상승기에 그들이 한 노력을 따라해야 한다. 아웃풋만 좇지 말고 그 아웃풋을 낸 결정적인 방법을 찾아내 인풋을 흉내 내는 게 진정한 벤치마킹이다.

최상위권 학생이 풀고 있는 문제집을 보고 만족해하는 건 문제집을 사온 한순간의 의욕에 불과하다. 그 문제집으로 공부를 하고 문제를 푸는 순간부터 남는 건 오로지 문제집과 자신뿐이다. 철저하게 자신이 원하는 대로 움직이고 문제집 구입시에도 이를 적용해야 한다. 공부는 스스로의 목표를 달성하기 위해서 하는 깃이다. 몇 문제 맞혔다고 만족하는 마음을 다잡고 틀린 문제는 또 틀리지 않겠다는 각오로 임해야 한다. 자신이 어떤 부분에 취약한지 확인해서 그 부분을 반드시 짚고 넘어가겠다는 마음으로 문제집을 푼다면 상위 5퍼센트로 가는 방향을 제대로 잡고 있는 것이다.

모르는 문제와 아는 문제 구분하기

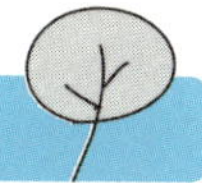

　세상에 안 좋은 문제나 어려운 문제는 없다. 자신이 모르는 문제와 아는 문제만 존재할 뿐이다. 상위 5퍼센트가 되기 위해선 모르는 문제를 아는 문제로 바꾸어 나가는 공부가 필요하다. 모르는 문제와 아는 문제, 어려운 문제와 쉬운 문제를 확인하려고 공부를 하는 학생은 없을 것이다. 그런데 많은 학생들이 여전히 아는 문제는 계속 알고, 모르는 문제는 계속 모르는 채로 공부를 한다. 모르는 문제가 아는 문제로 바뀌는 과정, 그것이 진짜 공부다.

책상에 앉아 있기로는 내가 전교 1등이에요

 **어느 날 필자에게** 중학교 3학년에 재학 중인 미주가 찾아와 공부하는 시간에 책상에서 떠나본 적이 없다는 믿기 힘든 이야기를 했다. 미주의 어머니도 같은 이야기를 했고 학교 친구에게도 물어보니 시험만 안 보면 누가 봐도 전교 1등으로 보일 만큼 성실하고 열심히 공부하는 친구라고 했다. 하지만 미주의 성적은 상위 20퍼센트 수준. 아무리 학업능력이 떨어져도 그 정도로 성실하다면 상위 5퍼센트에 충분히 들어가야 하는 게 정상이다.

여러 가지 테스트를 해본 결과 대부분 몇 가지 힌트를 주면 풀이 과정을 이해했고, 어디서 본 듯한 문제라고 이야기하는 걸로 미루어 볼 때 미주의 학업능력은 여타 학생들과 비교해서 떨어지지 않

앞으며, 학습량이 많다는 것 또한 확실히 증명되었다. 학습량은 상위 1퍼센트임에도 불구하고 현실은 상위 20퍼센트. 그럼 상위 5퍼센트 이내로 진입하지 못하는 미주의 문제점은 무엇일까?

최선을 다했는데 억울해요!

미주는 '공부를 잘하고 싶은 욕심'이 많은 학생이었다. 그리고 학생늘에게서 쉽게 찾기 힘든 끈기와 지구력이 정말 탁월했다. 그러한 기본적 자질이 성실하게 공부할 수 있도록 해주었고, 그나마 상위 20퍼센트라는 나쁘지 않은 성적을 유지하게 하는 원동력이었다.

하지만 그 욕심이 상위 5퍼센트로 가는 걸림돌이 된다는 생각은 못했을 것이다. 자신의 능력이나 현재의 수준을 고려치 않고 학습 계획을 세워 자신의 실력과 상관없이 그 계획을 실행한 것이다. 그로 인해 '난 최선을 다했는데 억울하다'는 생각으로 실력이나 수준이 아닌 자괴감만 쌓아가고 있는 게 큰 문제였다.

상위 5퍼센트 학생이 수학 문제집 한 권을 푸는 시간에 "난 2권을 풀겠다", 1등하는 학생이 하루에 영어 단어를 50개 외우면 "난 100개를 외우겠다"는 욕심으로 계획을 세운 것이다. 탁월한 성실

함으로 그 계획을 지키는 데 총력을 기울이다 보니 시간에 쫓기게 되고 욕심을 내는 부분 이외의 내용들은 대충대충 보고 넘기는 경우가 많았다. 그렇게 계획을 다 실행했다는 자기만족으로 공부를 하고 간혹 수행평가 과제나 집안 행사 등 예기치 못한 변수가 생긴 날에는 도저히 따라잡기 힘들 만큼 진도는 밀렸다. 그럴수록 진도 나가기, 책장 넘기기에 급급한 학습을 하게 되었던 것이다.

중위권 학생들은 아는 것과 모르는 것을 혼동하기 때문에 하나를 공부하더라도 자기 것으로 확실히 소화를 하고 넘어가는 것에 주력해야 한다. 최상위권 학생처럼 스스로 실력을 점검하고 유지하는 방식으로의 상위권 도약은 어렵다. 미주처럼 공부하면 성적은 조금 오를지 몰라도 시험 문제를 푸는 데는 별 도움이 안 된다. 어디서 본 듯한 내용이지만 틀렸던 문제는 반드시 또 틀린다. 본 듯한 내용인 것 같은데, 답이 정확히 뭔지 헷갈리는 악순환의 반복일 뿐이다.

어른들 중에도 실력은 전혀 없으면서 CNN 방송만 듣고, 원어민 강사가 있는 회화 학원만 등록하면 스스로 대단한 영어 실력을 갖게 될 거라고 착각하는 경우가 종종 있다. 그런 사람에게는 오히려 영어 실력을 정확히 점검하고, 말할 수 있는 문장을 하나하나 늘려가는 게 더 중요하다. CNN 방송을 알아듣고 있는 척, 원어민과 자유롭게 대화하고 있는 듯한 착각에 안도의 한숨을 내쉬며 스스로 만족하는 것은 무척 위험한 일이다. 실력 상승에 별 효과가 없는 학습을 하고 있기 때문이다.

계획을 세울 때는 욕심을 버려라

중위권 학생들은 학습 계획을 세울 때 우선 욕심을 버려야 한다. 시간 중심이나 학습량 중심의 계획이 아니라 자기 실력 중심의 계획을 세워야 한다. 과목별 학습 계획도 시간상 가장 싫어하는 과목부터 점차 좋아하는 과목을 공부하는 것으로 세우거나, 아니면 싫어하는 과목 사이사이에 좋아하는 과목을 짧게라도 편성하는 등 자기에게 맞는 방식으로 전략적인 계획을 세워야 한다.

보통은 좋아하는 과목을 먼저하고 싫어하는 과목을 나중에 하겠다고 한다. 이 경우 아는 내용만 반복하여 싫어하는 과목은 계속 실력 향상을 못하고 제자리걸음만 한다. 그 결과 전체적인 성적은 오르지 않고 도리어 조금씩 떨어지는 악순환을 피할 수 없다.

학습 계획을 세울 때는 일주일에 하루 정도는 학습 계획이 없는 날로 정해놓는 게 좋다. 공부를 하지 말라는 게 아니라 지난 6일간 지키지 못한 계획을 점검하고 차주 학습을 하는 데 부담 없게 마무리하는 시간을 두는 거다. 하루에 네 과목의 공부 계획을 세웠다면 다 해내려고 무리하게 책장만 넘기려 하지 말고, 학습 계획 없는 날에 의지하여 3개 정도만 확실하게 소화하라는 말이다.

6일간 계획을 철저하게 지켰다면 하루 정도는 자신을 위한 휴식으로 활용해도 좋다. 그런 보상이 있어야 마라톤과 같은 수험 생활에 활력소가 되어 더 능률적으로 공부할 수 있다.

상위 5퍼센트에 진입하는 5가지 지침 

❶ 등 뒤에서 누군가가 모니터를 지켜보고 있다고 생각하고 인터넷 강의에 임해라.

❷ 학원비는 자신이 아르바이트해서 번 돈으로 등록했다고 생각하고 다녀라.

❸ 모든 수업을 수능 전 마지막 '족집게 특강'이라는 생각으로 들어라.

❹ 시험지 유출로 미리 풀어 본다는 마음가짐으로 문제를 풀어라.

❺ 휴식 시간은 아무도 없는 박스 안에 있다고 생각하고 완전히 쉬어라.

학원에서 다 배운 거라 재미 없어요

 **상위 5퍼센트에** 가까운 모의고사 성적을 보여주지만 그에 비해 내신 성적은 한참 뒤떨어져 있는 지웅이라는 학생이 있다. 필자는 그 원인이 학교 수업에 충실하지 않은 습관이라 판단하고 지웅이의 교과서와 노트를 한번 가져와 보라고 했다. 나름 필기를 한다고 적어 놓았지만 그저 선생님이 강조한 부분에 밑줄을 긋고 별표를 하는 수준이었다. 중요하다고 표시해놓은 부분을 설명해보라고 했을 때 본인이 작성한 노트 필기 내용을 보고도 선생님이 정확히 어떤 부분을 강조했는지 기억해내지 못했다.

그런 수준의 깊이로 학교 수업에 임한다면 상위 5퍼센트 유지가 어렵다. 학원에서 제아무리 체계적이고 열성적으로 가르친다고 해

도 충실해야 할 기본은 학교 수업이다.

학교 수업을 잘 활용하지 못하는 학생들은 무엇을 필기해야 할지 모르겠다고 한다. 수업이 시작되고 30분이 지나도록 적을 게 한 글자도 없을 때도 있고, 적다 보니 다 적고 있는 것 같기도 하다는 학생들이 많이 있다. 그런 학생들은 방법을 몰라 수업에 충실하지 못하고, 상위 5퍼센트에 드는 성적을 유지하지 못한다.

파노라마처럼 연상되는 노트 필기법

학교 수업에 충실하려면 일단 자신에게 맞는 노트 정리법을 확립해야 한다. 다시 봐도 새록새록 기억할 수 있도록 필기를 하라는 것이다. 필기를 잘하려면 먼저 목적을 분명히 해야 한다. 필기는 복습을 위한 기억력 연상 작용에 꼭 필요한 자료이다. 수업의 내용을 복기하고 다시 찬찬히 생각해볼 수 있는 매개체가 되어야 한다.

우선 선생님이 이야기한 그 모든 내용을 받아 적으려는 욕심부터 버리자. 다만 책을 다시 펼쳤을 때 지난 수업 내용을 떠올릴 수 있는 키워드는 반드시 적어놔야 한다. 수업 중간에 선생님이 던진 우스갯소리에도 중요한 내용이 들어 있고, 그것을 적어놓음으로써 중요한 기억을 연상할 수 있다. 선생님의 말을 한 마디도 흘려듣지 않겠다는 각오로 꼼꼼히 기록하는 습관을 들이면 수업의 맥을 잡을 수 있는 능력이 생긴다. 그리고 중구난방으로 적기보다는 시간 순으로 공책의 상단부터 차근차근 적어 내리는 습관이 좋다. 추후에 다시 펼쳐봤을 때 머릿속에서 지난 수업이 파노라마처럼 연상될 것이다.

시험이 끝나고 나서 문제가 어려웠다고 하소연하는 학생들에게 선생님이 꼭 하는 공통적인 말이 있다.

"수업 시간에 다 설명하고 강조한 내용이다."

어떤 학교, 어떤 선생님이 말해도 맞는 말이다. 선생님들은 가르치지 않은 내용이 시험에 나왔다는 항의를 피하기 위해서라도 시험에 낼 내용을 반드시 강조한다. 선생님에 따라 다르겠지만 중요한 부분을 설명할 때는 어투를 미묘하게 바꾸고 목소리에 상당히 힘을 주기도 한다.

또 학교 수업에 집중하지 못하는 학생들은 집중할 분위기가 아니라는 변명을 자주 늘어놓는다. 들을 게 없다며 다른 과목의 책을 보고, 학원 숙제를 하거나, 자습을 위해 잠을 자는 학생들이 주변에 있으니 자기만 열심히 수업을 듣고 있는 것이 손해인 것 같아 집중이 안 된다고 한다. 공부를 하려면 면학 분위기가 조성돼야 하지만 모든 학생들이 최적의 환경에서 공부하지는 못한다. 문제는 본인의 의지다. 학교 수업에 집중하지 못하는 이유를 자신이 아닌 다른 곳에서 찾고 저절로 해결되길 바란다면 고등학교를 졸업할 때까지도 어려울 것이다. 자기 안에서 원인을 찾고 스스로 해결할 수 있는 부분을 인정하면 보다 빨리 해소될 문제다.

수학을 버려야 사는 민재의 경우 

수학박사라고 불리는 민재라는 학생이 있었다. 민재는 인문계열 주요 과목이 모두 2등급 밖이었지만, 수학만큼은 항상 1등급이었다. 영어나 국어는 열심히 공부해도 점수가 잘 안 오르지만 수학은 공부한 만큼 점수가 잘 나와 수학을 중점적으로 공부한다고 했다.

그런데 문제는 진학을 인문계열로 생각하는 그에게 수학으로 가산점을 후하게 주는 학교가 별로 없다는 것이었다. 민재는 심화 수학을 공부하고 스스로 수학박사라는 타이틀을 지켰다는 자부심을 위해 수없이 많은 학습의 기회와 상위 5퍼센트의 도약을 위한 투자를 못하고 있는 셈이다. 그는 이제 수학 박사를 버려야 성적이 오른다.

입시 공부는 모의고사에서 좋은 점수를 받기 위해서 하는 것이 아니다. 어려운 문제를 풀어내고 인정을 받기 위해서도 아니다. 수능시험 당일 좋은 점수를 받기 위해서 하는 공부다. 잘하는 과목은 감각 유지를 위한 공부를 지속하고, 뒤처지는 과목은 높은 점수를 받기 위한 계획을 수립해야 한다.

대체 공부를 왜 해야 하는 거지요?

 **상위 5퍼센트** 학생들의 공통점은 공부하는 습관이 잡혀 있다는 점이다. 그리고 무엇보다 공부하는 목적의식이 명확하다. 당연한 이야기 같지만 실천의 여부나, 공부하는 목표와 이유를 논리적으로 설명할 수 있느냐 하는 문제로 들어가 보면 매우 중요한 아젠다(agenda)이며, 이것이 바로 상위 5퍼센트의 핵심이다.

일단 자기의 습관부터 돌아보자. TV 드라마를 꼭 챙겨보는 습관, 공부하다 떠오르는 잡생각이 길어지는 습관, 인터넷 강의 1시간 후 2시간 노는 인터넷 사용 습관 등등 개선해야 할 점들을 하나하나 고쳐나가야 한다. 습관을 한번에 고치기는 참 어렵다. 그래서 순간 자극을 받아 며칠 열심히 하다가도 금세 본래 습관대로 돌아

가게 된다. 근본적으로 그런 학생들의 문제는 공부하는 목적의식이 희박하기 때문이다.

롱런 비결 "왜 공부하는가?"

목적의식이라고 거창한 게 아니다. 지금 당장 두 달 앞, 한 달 앞으로 다가온 시험에 몇 점을 받겠다는 소소한 목표도 좋다. 공부 계획을 세워서 앞으로 있을 시험에 일정을 표시하고 각 과목의 점수나 전체 평균 점수를 목표로 하는 것도 좋다. 목표에 도달하기 위해 월·주·일 단위로 공부해야 할 분량을 정하고 달성할 수 있는 정도의 목표라도 정해야 한다.

"왜 공부하는가?" 하는 질문에 답할 수 있어야 롱런할 수 있다. 일단은 "이번 모의고사에서 ○○점을 받기 위해 공부한다"는 목표를 추천하고 싶다. 가고 싶은 상급학교 진학을 목표로 삼고 합격선에 맞춰 3, 6, 9, 11월 각각의 모의고사에서 받고자 하는 영역별 목표 점수를 정한 뒤 그 점수에 도달하기 위해 공부할 교재와 분량을 정하면 된다.

목표가 대기업 취직이라면 좋은 대학을 가는 것이 유리하듯 중·고등학교 때 어느 정도의 수준까지 성장해야 한 단계씩 전진이 가능하다. 목적의식이 뚜렷해지면 전처럼 어렵지 않게 공부에 집중할 수 있다. 작게는 곧 다가올 모의고사 점수로, 조금 더 크게는 올해 성적을 올리겠다는 계획으로, 그리고 자신이 하고 싶어하는 꿈을 이루기 위해 공부하는 것이라고 목표를 설정했다면 이제 좀 더 세밀한 공부 습관만 잡으면 된다.

주중에는 문학 지문 몇 개, 비문학 지문 몇 개, 수학 문제 몇 개, 과학 문제 몇 개 푼다는 식으로 하루에 해야 할 4개 영역별 공부 분량을 구체적으로 계획을 세우고 실행해야 한다. 주말에는 주중에 공부한 내용 중 어려웠던 부분을 다시 점검하고, 모의고사 문제를 풀거나 주중에 세웠던 계획 중 제대로 마무리하지 못한 부분을 보충해야 한다. 어제 계획한 공부를 다 마무리하지 못했다고 해서 어제의 공부를 오늘 하면 애써 세운 계획이 무의미하게 계속 밀리는 악성 도미노 현상을 겪을 수도 있다.

　공부를 잘한다는 말은 국문법상 맞을지 몰라도, 면밀히 분석해보면 불완전한 문장이다. 누구보다 잘한다는 뜻으로 성적이 높다고 이야기할 수 있으나, 아무리 성적이 좋은 학생도 또 다른 누군가보다는 덜 좋게 돼 있다. 그래서 공부를 잘하고 싶다는 마음은 끊임없이 노력해서 평생토록 이루고 싶은 목표라고 할 수 있다. 이렇게 누구와 비교해도 공부를 잘하고 싶다는 근성, 이런 근성이 기본 마인드로 자리 잡아야 한다. 상위 5퍼센트에 들지 못하면 상위 5퍼센트에 든 친구들을 부러워하고, 상위 5퍼센트에 들었으면 상위 1퍼센트의 친구를 부러워해야 한다. 부러워할 줄 아는 마음이 노력의 시작이고 열정의 불씨다.

　잘하는 학생을 부러워하는 게 뭐 그렇게 대단한 마인드인가 싶겠지만, 배우는 것보다 훨씬 쉬운 마음이 부러워하는 거다. 부러워하는 마음이 있어야 따라갈 수 있다.

공부 잘하는 친구와 나는 무엇이 다를까?

Chapter **2**

100명의 학생이 있다면 공부를 열심히 하는 학생과 열심히 하지 않는 학생으로 나뉘는 비율이 약 50 대 50이다. 열심히 하느냐, 안 하느냐 하는 것은 태도의 문제다. 열심히 하지 않는 학생은 상위 5퍼센트를 목표로 하기 전에 기본적인 태도의 변화부터 필요하다.

공부를 열심히 하는 학생은 제대로 된 방식으로 하는 학생과 어느 평가에서도 인정받기 힘든 방식으로 학습을 하는 학생으로 나뉜다. 학습은 제대로 된 방법을 아느냐 모르느냐 하는 차이로 공부하는 학생의 비율은 약 30 대 70이다. 결국 제대로 된 방법을 알고 공부하는 학생은 100명 중 15명에 불과하다는 결론에 이른다. 열심히 하는데도 성적이 오르지 않는다면 방법이 맞는지 살필 줄 아는 여유와 융통성을 가져보자.

　제대로 된 방법으로 공부를 하는 학생들은 즐기면서 하는 학생과 고통스럽게 하는 학생으로 나뉜다. 그렇게 나뉘는 비율이 또 30대 70 정도다. 결국 상위 5퍼센트 학생들의 공통점은 제대로 된 방식으로 공부하면서 지적 탐구의 자세로 즐겁게 공부에 임하는 것이다. 한 가지 강조하자면, 공부를 잘하든 못하든 많이 해야 방법도 알고 즐길 수 있다는 사실이다. 자기에게 맞는 적당한 공부법이 어떤 건지 아직 잘 모르겠다면 감이 올 때까지 공부해보자.

　이 장에서는 상위 5퍼센트 학생들의 특징을 중심으로 소개하고자 한다. 공부를 잘하는 학생들은 분명히 공통적인 특징이 있다. 그 점을 배우고 따라하는 것이 상위 5퍼센트를 향한 도전의 시작이다. 물론 자기만의 독특한 방식으로 공부를 한다거나, 놀기만 하는 것 같은데 공부를 잘하는 특이한 학생들도 존재한다. 그런 경우는 말 그대로 특이한 경우다.

　우리가 배우고자 하는 방법은 보편타당한 상위 5퍼센트의 공통적인 학습법이다. 우리는 보통 평범하고 보편적이기 때문이다. 상위 5퍼센트 학생들의 보편적인 공통점을 한번 파헤쳐 보자.

버릴 것은 버리고 진짜 공부를 해라

옷장을 정리하다 보면 재미있는 사실을 발견할 수 있다. 300벌의 옷 중에서 버릴 옷을 골라내고 나면 남길 옷이 200벌쯤 된다. 그런데 이번엔 같은 300벌의 옷을 놓고 입을 옷만 골라내고 나면 버릴 옷이 200벌쯤 된다. 입을 옷도 아니고, 버릴 옷도 아닌 애매한 옷이 100벌이나 되는 것이다. 비슷한 실례로, 휴대폰을 바꾸면 전화번호부를 정리하게 된다. 휴대폰 번호를 보고 지워야 할 사람을 찾으면 1000명 중 100명도 안 된다. 하지만 지우지 말아야 할 사람을 찾으면 역시 1000명 중 100명도 안 된다.

우리는 그렇게 애매한 100벌의 옷이나 애매한 900명의 사람들과 관계를 맺으면서 생활하고 있다. 이러한 공통점을 학습에 적용해보면 꼭 해야 할 공부를 하지 않고, 해도 그만이고 안 해도 그만인 공부를 하면서 시간을 보내고 있는 학생들이 많다.

수많은 학생들을 제치고 상위 5퍼센트로 올라가려면 효율적으로 선택하고 집중해야 한다. 다시 한번 자신의 학습 계획을 면밀히 살펴보자. 하지 않아도 되는 공부, 하지 않아도 되는 일, 관계 맺지 않아도 되는 인간관계 속에서 정말 필요한 것에 집중을 하지 못하고 있는 것은 아닌지 면밀히 검토해봐야 한다.

한정된 시간 안에 실력의 질서를 바꾸려면 모든 걸 다시 원점에 놓고 진짜 공부를 해야 한다. 진짜 공부가 무엇인지, 어떤 공부를 해야 하는지, 이 책 구석구석에 소개된 내용들을 잘 살펴보고 실천하기 바란다.

개그맨 지상렬은 모 방송에서 친구인 개그맨 염경환이 고교 시절에 책상에 앉아 있는 것만으로 전교 1등이었고 시험에 안 나오는 문제 맞히는 것으로도 전교 1등이었다고 소개한 적이 있다. 웃자고 한 이야기지만 그렇게 공부하는 학생들이 의외로 많아 웃고 넘길 수만은 없는 얘기다. 버릴 것은 버려야 한다. 그렇다면 우리가 버려야 할 것은 무엇일까?

시험에 안 나오는 영어 단어를 버려라

영어 학습을 하면서 영어 단어를 외우는 건 좋은 학습 방법이다. 독해를 하다 보면 매우 전문적인 내용의 지문도 나오는데 거기엔 전문용어도 포함되어 있다. 그런 단어에 집착하면서 반드시 외우고 말겠다는 투지를 보이는 학생들이 있다. 우리말로 된 뜻을 읽어 봐도 생소한 단어라면 굳이 외우지 않아도 큰 지장이 없다. 외웠다고 해도 반복 학습이 안 되기 때문에 곧 잊게 된다. 자신이 일상 회화에서 안 쓸 것 같은 단어, 에세이를 쓸 때 사용하지 않을 것 같은 단어는 과감하게 버려라. 우리는 학생이고 학습의 일차 관문은 합격이다. 합격과 상관없는 영어는 성인이 돼서도 숱하게 공부하게 된다. 선택과 집중을 하는 데는 현명함이 필요하다.

안 풀리는 수학 문제는 버려라

안 풀리는 수학 문제를 가지고 1주일 내내 씨름하는 학생이 있다. 1주일까지는 아니라도 오늘 정해놓은 공부 시간을 고스란히 할애하면서 한 문제를 가지고 끙끙대는 학생들이 상당수 있다. 만약 수학 경시대회를 앞두고 있거나 수학 성적이 최상위권인 학생이라면 그 집념을 칭찬하겠지만, 아니라면 미련 없이 버려라.

온종일 풀어도 풀리지 않는 문제는 시험에 나오지도 않을 뿐더러, 설령 나왔다고 해도 틀릴 확률이 높다. 그런 문제를 맞히기 위해 투입한 시간과 노력이 아깝다. 그렇게 힘들게 푼 문제는 응용하기도 어려워 나오면 또 틀린다. 비슷한 유형의 문제를 자주 접해보지 못했기 때문이다. 종일을 붙들고 있어야 할 것 같은 수학 문제는 버려라. 그런 패턴은 차라리 외우는 게 낫다.

시험에 나올 문제만 외워라

시험 범위가 정해지면 해당되는 모든 페이지를 외우려고 덤비는 학생들이 의외로 많다. 모든 페이지를 다 외울 수 있다면 천재가 아닌지 의심하고 지능검사를 받아보길 권한다. 하지만 그게 어려운 학생들은 나올 문제, 나올 범위만 외워야 한다.

혼자서 찾기 어렵다면 도움을 받자. 가장 확실하게 도움을 줄 수 있는 사람은 해당 과목을 잘하는 친구다. 그 친구에게 시험 범위의 예상 문제에 대한 브리핑을 받으면 25문제 중 22문제는 맞힐 수 있을 것이다. 나머지 세 문제는 시간 없으면 버려도 된다.

그럴 만한 친구를 못 찾았다면 교과서를 들고 선생님을 찾아가

자. 학교 선생님은 시험 문제를 가르쳐줄 수 없어 제대로 말할 수 없을 테니 그럴 때는 학원 선생님이 최고다. 선생님들이 보는 눈은 다들 비슷하기 때문에 지금의 학습에도, 앞으로의 학습에도 영향을 줄 수 있는 그런 단원에서 출제하게 되어 있다. 그렇게 중요하다고 찍어준 범위, 많은 도표 중 특히 의미 있는 도표, 의미 있는 용어를 집중적으로 공부하면 두세 시간의 학습으로 최소 80점 이상의 성적을 확보할 수 있다.

나는 지금 어디쯤인가?

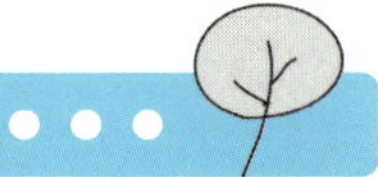

10년 동안 학원을 운영하면서 만났던 상위 5퍼센트에 진입하지 못한 학생들 중 공부해야 한다는 사실을 몰라서 못하는 학생은 없었지만, 아는 데도 안 하는 게으름뱅이 학생이 더 많았다. 공부는 하고 싶은데 어떻게 할지 몰라서 못하는 학생은 없었고, 할 수 있는 공부인데 안 했던 학생들 말이다. 공부를 해야 한다는 사실을 알고 있고, 혼자서 공부를 할 수 있는데도 안 하는 학생이 가장 큰 문제였다. 공부를 어떻게 해야 하는지, 왜 해야 하는지 몰라서 안 하는 학생은 차라리 낫다. 난 지금 어디에 속해 있는지, 나에게 가장 큰 문제는 무엇인지 냉정하게 생각해보자!

결정적인 동기부여를 가져라

공부를 하겠다고 마음을 먹은 순간은 다른 어떤 중요한 일이 떠올라도 공부를 해야 한다. "처음 한 생각은 신의 생각이고, 두 번째 한 생각은 나의 생각이며, 세 번째 한 생각은 악마의 생각"이라는 서양 속담이 있다. 공부해야겠다고 마음먹고 책상에 앉았으면 공부를 해야 한다. 책상에 앉았는데 친구에게 문자메시지 보낼 일도 있고 책상도 정리해야겠고, 배도 고픈 것 같다. 그래서 책상을 정리하고 간식을 챙겨 먹으며 친구에게 문자도 보낸다. 그러고 나니 미니홈피도 확인할 일이 생기고, 게임으로 머리 좀 식히다 보면 공부하기로 했던 다짐은 온 데 간 데 없이 사라져버린다.

오늘부터 게임을 끊겠다고 마음먹었다면 그렇게 마음먹은 순간

당장 실천해야 한다. 스스로 어떤 학습 목표를 가지고 있는지, 그 학습 목표를 달성하기 위해 지금 무엇을 해야 하는지 떠오르는 게 있다면 바로 실천해라. 공부에 집중하려고 마음먹었는데 '오늘은 너무 피곤하기도 하고, 시험 끝난 지도 얼마 안 됐고' 하는 생각이 든다면 그것은 모두 '악마의 생각'이라는 마음으로 피해야 한다.

공부를 왜 하는지 모르는 학생

초등학교 시절부터 필자의 학원에 재원 중인 여고생 용희의 성적은 상위 0.5퍼센트 수준이다. 사실 상위 0.5퍼센트는 특별히 학업능력이 뛰어나거나 독하다 싶을 만큼 공부에 집중하는 것, 그 두 가지를 겸비하거나 최소 한 가지는 가져야 한다. 용희는 초등학교 시절만 해도 지극히 평범했다. 영어 유치원이나 영어 영재반을 다니면서 조기 영어 공부를 한 경험도 없는 반에서 공부를 그럭저럭 잘하는 학생이었다. 학원에서도 일일테스트나 암기 숙제를 철저하게 준비해오는 학생은 아니었다.

용희는 중학생이 됐고 여전히 중간 수준의 반에서 필자의 학원을 수강했다. 중학생이 되어서 공부를 많이 해야 한다는 사실을 머리로는 이해했지만 공부를 왜 해야 하는지 가슴으로 이해하지는 못한 듯했다. 학교에서 배우는 건 살아가는 데 별로 쓸모가 없는 것들이라고 생각하는 듯했고, '이 좋은 날 나는 왜 학원에서 시간을 보내고 있어야 하지' 하는 표정이 얼굴에 가득했다. 상담 때도 공부가 즐겁지 않고 왜 해야 하는지 모르겠으나 그냥 열심히 해야 하기 때문에 한다고 했다. 그랬던 용희가 어떻게 상위 0.5퍼센트의 성적을 유지하는 우수한 학생이 되었을까? 용희의 변화를 통해 상위 5퍼센트 진입을 위한 공부법을 살펴보도록 하자.

❗1단계 필자는 중학교 1학년 때부터 수동적인 공부를 하면 안 된다고 판단하고 용희에게 학원을 잠시 쉬고 다른 활동을 해보라고 권했다.

용희는 능동적으로 학원에 갔던 시간에 과학탐구 동아리 활동을 했고 자연을 탐구하고 조별로 실습하는 과정을 통해 스스로 하는 공부에 눈을 떴다. 그리고 무엇보다 공부하는 재미, 성취감을 배웠고 생물학자나 의사가 되겠다는 목표를 갖게 됐다.

❗2단계 용희는 자신의 목표를 이루기 위해서는 대학을 가야 하고 그러기 위해서는 공부를 잘해야 한다는 사실을 깨달았다.

비록 목표는 바뀔 수 있지만 공부를 잘해야 자신이 하고 싶은 일을 선택할 폭이 넓어진다는 사실을 깨닫게 됐다. 스스로 정한 목표

가 공부에 불을 댕긴 셈이다. 그후 다시 학원을 찾은 용희의 태도
가 확실히 달라졌다. 중학교 1학년 때 반 7~8등 수준이었던 성적
이 중학교 2학년 때에는 반 2~3등으로 올라서고 중학교 3학년부
터는 줄곧 1등을 하고 있다.

많은 학생들이 학생이라는 신분에 얽매여 공부를 하지만 그런
마인드로 하는 공부는 그저 몸을 축내는 노동일뿐 아무런 재미가
없기 때문에 성적 유지만도 급급하다. 그래서 대입 때까지만 참자,
시험 때까지만 참자는 마인드는 상위 5퍼센트의 학습 마인드하고
거리가 멀다. 일단 공부를 잘하기 위해서는 우리 사회가 공부 잘하
는 사람에게 주는 다양한 혜택에 욕심을 가져야 하고, 자신의 목표
가 공부를 잘해야만 이룰 수 있는 일은 아닌지 점검해 공부의 필요
성을 먼저 느껴야 한다. 비록 자신의 목표가 공부와 상관없는 것이
라고 해도 언제든지 바뀔 수 있는 가능성을 봐야 한다. 가변성이
다분한 삶을 위해서도 공부를 잘하는 건 매우 필요한 충족조건이다.

3단계 용희는 내신 성적이 오르는 유일한 방법이 학교 수업 시
간에 배운 내용을 통달하는 것이라고 생각했다.

선생님이 강조한 것을 교과서에 직접 쓰고 시험 기간에 그것을
중심으로 철저히 공부한 것이 내신 만점의 비결이라고 한다. 문제
집이나 참고서는 시험과 상관없는 개념과 문제가 많지만 선생님이

50

강조한 내용을 중심으로 정리한 교과서야말로 100퍼센트 시험용 알짜배기 교재라는 게 그의 이야기였다.

내신 시험에서도 변별력을 위해 심화 학습이 필요한 몇 문제가 출제되지만 그런 부분의 정답은 교과서에 나오는 게 아니라 수업 시간 선생님이 하신 말씀에서 나오기 때문에 수업 시간에 충실하는 것과 철저한 교과서 정리만으로 심화 문제의 함정을 모두 걸러 낼 수 있다고 한다.

！4단계＿ 용희는 시간 관리를 철저히 했다.

구체적인 계획을 수첩에 하나하나 작성하고 실행하면 하나씩 지워간다. 계획은 일간, 주간으로 정리해서 매일 아침에 오늘 해야 할 것을 적고 밤에는 오늘 한 것을 정리하면서 소홀한 공부는 없었는지 철저히 관리한다.

공부란 이슬비에 옷 젖는 일이기 때문에 매일 적시지 않으면 금세 말라버린다고 말하는 용희! 중위권에서 최상위권으로 오른 용희가 공부 비법은 주어진 시간을 최대한 많이 활용하여 집중하는 능력이었다. 그리고 그 집중의 서포터스는 자신이 스스로 찾은 자신의 꿈이었다.

비단 용희만의 이야기가 아니다. 상위 5퍼센트 학생들의 공통점은 공부를 하는 결정적인 동기부여를 갖고 있고 누구에게나 명확하게 설명을 잘할 만큼 공부에 대한 생각이 정리되어 있다는 점이다.

최상위권의 3가지 미덕 

"선생님 싫으면 피하면 되고 ♪ 시험 싫으면 대충 치면 되고 ♪

시간 흐르면 졸업하게 되고 ♪ 생각대로 갈 때 없고 ♬"

CF 속에선 생각대로 하면 될지 몰라도 상위 5퍼센트를 위해선 생각대로 하면 안 된다.

첫째, 선생님의 말씀을 기억하고,

둘째, 시험에 나올 문제를 풀어보며,

셋째, 자기 인생과 미래에 대해 늘 생각해야 한다.

공부도 게임할 때처럼 집중하라

　　같은 시간에 같은 장소에서 공부를 하고 있어도 집중력이 높은 학생과 낮은 학생은 공부의 효율성 면에서 큰 차이를 보인다. 집중력이 높은 학생은 자신이 집중을 잘하고 있는지 아닌지 금방 알아챈다. 집중력이 떨어지면 바로 궤도를 수정해 집중력을 높인다. 반대로 집중력이 낮은 사람은 자기가 딴생각을 하는지 금방 알지 못하고 한참 뒤에야 깨닫는다. 헛되이 보낸 시간에 대해 괴로워하며 그런 잡념 속에 시간과 마음을 낭비하곤 한다.

집중력 현황판 만들기

집중력이 떨어지면 집중력 현황판을 만들어본다. 공부할 때 종이 한 장을 옆에 두고 딴생각이 날 때마다 그 내용과 시간을 쓴다. 공부에 방해가 됐거나 집중력이 흐트러졌다면 집중력이 깨진 시각과 방해 요인의 종류, 방해 요인을 해결하는 데 들인 시간을 적어본다.

예를 들어 공부를 하는데 친구에게 전화가 왔다면 통화를 시작한 시간과 끝낸 시간을 기록하고, 인터넷 강의를 듣다가 인터넷 서핑을 했다면 마찬가지로 강의를 다 들은 시간과 서핑을 끝낸 시간을 현황판에 기록한다.

공부를 다 끝낸 다음에 방해 요인을 필수(어쩔 수 없는 방해거리), 중요(꼭 처리해야 할 방해거리), 낮음(미뤄도 되는 방해거리) 등으로 방해가 주는 가치의 정도를 분류한다. 집중이 안 된다고 막연하게 고민하고 노력하는 것보다 자신의 학습 시간이 어떤 주기로 움직이는지, 자신의 집중을 방해하는 것은 무엇이고 그에 대한 대처는 어떻게 해야 하는지 방법을 찾아야 한다. 소음이나 심부름 등 주위 환경이 문제라면 가족들에게 도움을 청하는 것도 필요하다.

10분 내 국어지문 두 개

책으로 공부할 때보다 '딴짓'의 유혹이 더욱 커지는 순간이 인터넷을 통한 학습을 할 때다. 인터넷 강의를 듣다 딴짓할 거리가 생기면 바로 행하지 말고 잠깐 메모해놓는다. 공부를 마친 후에 하겠다고 다짐하고 인터넷 강의를 듣는 동안만큼은 강의에 집중한다. 평소 작은 수첩을 가지고 다니면서 엉뚱한 생각이 날 때마다 적으면 자신의 잡념을 관찰하고 관리할 수 있다. 또 그런 행동이 습관이 되면 메모하고 기록했던 것들이 좋은 아이디어로 이어질 수도 있다. 잡념으로 집중하지 못하는 버릇을 고치고 좋은 습관을 얻을 수도 있다.

상위 5퍼센트 학생들의 공통점! 기본 중의 기본은 집중력이다. 그리고 그 집중력은 잡념을 떨쳐내는 능력을 갖고 있으며, 그 능력은 선천적인 능력이 아니라 의지와 노하우로 만들어낸 노력이라는 점이다. 상위 5퍼센트를 꿈꾼다면 상위 5퍼센트의 공부법을 따라 하기 전에 일단 집중하는 능력을 키워야 한다.

예전 필자가 수험생활을 할 때 전설처럼 내려오는 조언 중에 사당오락(四當五落)이란 말이 있었다. 4시간 자면 합격하고 5시간 자면 떨어진다는 말이다. 오래 공부한다고 성적이 오를까? 최근에 통하는 사당오락은 5시간 이상 산만하게 공부하면 떨어지고 4시간 집중하면 합격한다는 의미다. 교육 전문가들은 선천적으로 집중력이 떨어지는 사람은 5퍼센트에 불과하다고 말한다. 그 5퍼센트는 전문가와 상담을 통해 치료를 받으면 되고, 그렇지 않다면 집중력을 높일 수 있는 방법을 찾아 꾸준히 훈련하면 훨씬 좋아진다.

집중력을 높이는 비법

첫째, 공부를 게임처럼 하라. 게임에 집중하는 청소년들의 활동 모습에서 공부에 집중할 수 있는 힌트를 얻을 수 있다. 상위 5퍼센트 학생들이 공부를 게임처럼 하는 건 결국 공부도 게임처럼 하면 집중이 가능하다는 이야기다. RPG(Rolling Play Game) 게임하듯 '30분 내 수학 10문제, 10분 내 국어 지문 2개' 해결하는 식으로 하나하나 해치워 나가면 집중력이 높아진다.

둘째, 공부 시간의 데드라인을 정하라. 시험 직전 벼락치기로 공부한 경험은 누구나 있을 것이다. 그때 가장 아쉬운 건 집중력이 안 생기는 상황이 아니라 부족한 시간이다. 정해진 시간 내에 원하는 분량을 공부해야 하기 때문에 학습 집중도가 최고조로 올라가는 것이다. 시험 전날이 아니더라도 마인드 컨트롤만 잘하면 충분히 시험 전날의 집중력을 발휘할 수 있다.

공부 시간의 '데드라인'을 정해 집중력을 높이는 데 활용하자. 공부를 시작하기 전, 목표를 끝내려면 시간이 얼마나 걸릴지 예측해본다. 이때 휴대폰 알람을 활용하면 게임을 하는 것처럼 즐길 수 있다. 알람이 울리기 전까지 수학 10문제 풀기, 알람이 울리기 전까지 영어 문장 5개 외우기 등으로 나름의 규칙을 정하는 거다.

사람은 절실한 상황이 되면 머릿속에 딴생각이 끼어들 틈이 생기지 않는다. 비록 외부의 어떤 규제가 없더라도 시간과 분량을 정해놓고 공부하면 잡념 없이 집중할 수 있다.

데드라인 학습법은 분명 집중력을 높여주는 데 도움을 준다. 하지만 매번 반복하면 역시 효과가 떨어지는 법, 그럴 때는 시간은 줄이고 학습량은 늘려가면서 좀 더 세밀하고 다양하게 규칙을 정하는 것도 하나의 방법이다. 단순한 룰의 스포츠에는 금방 싫증이 나지만 다양한 규칙들 속에 작전을 짜는 감독의 마음으로 스포츠를 하면 더욱 흥미를 느끼는 것과 같은 이치다.

셋째, 이러저러한 방법을 써도 집중력이 높아지지 않을 때는 마음이 평온해지는 훈련을 추천한다. 마음을 안정시키기 위해 복식호흡이나 명상을 중간 중간에 작전타임처럼 활용해보는 것이다. 마음을 한곳에 집중하면 심리적으로 안정되고 집중력이 생긴다. 벽의 눈높이에 작은 점 하나를 찍어두고 그곳을 뚫어지게 쳐다본 다음 공부를 하는 것도 집중력을 높이기 위한 방법 중 하나다.

상위 5퍼센트 유지를 위해서는 학습 집중력이 반드시 필요하다. 후천적인 노력으로 얻어지는 집중력은 결국 끊임없는 자신과의 싸움임을 명심하자.

반복되는 것에 집중해라 

비트박스를 할 때는 두 가지만 기억하면 된다. 북치기, 그리고 박치기. 상위 5퍼센트 진입을 위해서도 두 가지만 명심하면 된다. 수업 시간에 확실하게 집중하기, 수업 끝나고 확실하게 외우기! 비싼 과외 안 받아도 학원이든 학교든 수업 시간에 집중하고 수업 끝나고 외우면, 성적이 떨어지려야 떨어질 수 없을 것이다.

질문과 실천은 젊음의 특권

우리는 하루에 얼마나 많은 지식을 얻고 있는가? 그리고 얼마나 많은 질문을 하고 있는가? 수없이 많은 시간을 학교와 학원에서 보내며 새로운 지식을 얻으려고 노력하는 것이 학습인데, 선뜻 대답을 못하는 학생이 태반이다. 질문은 발전의 시작이다. 젊음의 특징은 궁금한 것이 많아 질문이 많다는 점이다. 나이가 들면 질문을 하지 않고 스스로 판단해버린다. 그리고 생각을 잘 바꾸지도 않는다. 그러니 새로운 지식을 받아들이기 힘들고 그대로 머리가 굳어버리는 것이다.

글을 배우고 자신의 의사 표현을 적극적으로 할 수 있는 시기, 즉 유치원생이 되면 질문이 상당히 많아진다. 끝도 없는 질문을 통해 유치원생들은 학교에 진학해서도 생활할 수 있는 지적 능력을 키우고 스스로 발전한다. 유치원생이나 중·고생이나, 각자의 수준에서 배워야 할 내용은 똑같이 많기 때문에 질문의 양이 줄어들 이유는 하나도 없다. 단지 중·고생은 자아의식이 성장했기 때문에 그만큼 질문이 점점 줄어드는 거라 할 수 있다.

질문은 배움의 시작이다

질문은 배움의 시작이며 지식의 확인이자 대화를 여는 기폭제이다. 상위 5퍼센트의 우등생이 되기 위한 최선의 방법이 무엇이라고 생각하는가? 우등생을 만나 그들에게 질문을 던지고 그들의 노하우를 자기 것으로 만들기 위해 노력을 하는 것이다. 이 책을 접하는 학생, 학부모는 충분히 상위 5퍼센트 우등생이 될 열정이 있다고 믿는다. 책을 읽는 것만으로도 훌륭한 질문을 던진 상태이며, 그 해답을 찾기 위한 노력을 하고 있는 것이기 때문이다. 그 질문은 학습 실력을 키워주는 데에만 유용한 게 아니다. 친구를 사귀고 사람들과의 관계가 깊어지는 데에도 매우 유용한 수단이다.

처음 만난 사람에게 안 좋은 첫인상을 남기는 방법은 아무런 질문도 하지 않는 것이다. 질문을 하지 않는 것은 "저는 당신에게 관심이 없습니다"라고 말하는 것과 똑같다. 마찬가지로 호기심을 잃은 채 학습에 임하는 건 발전 가능성이 없는 습관이다. 상위 5퍼센트의 학생들이 질문을 하면서 끊임없이 탐구하는 이유이기도 하다.

학생들은 익은 벼가 아니다. 머리를 숙이고 있는 겸손보다는 꼿꼿이 자신을 세우고 조금이라도 더 배우기 위해 적극적으로 덤벼야 하는 자세가 더욱 필요하다. 겸양의 미덕은 정말 누가 봐도 모든 것을 갖춘 세계적인 선수나 정상의 리더에게 중요한 덕목일 뿐이다. 학생들은 먼저 그 겸양이 빛날 수 있도록 노력하고 실력을 쌓는 게 우선이다. 가진 것 없는 겸손은 자신의 의도와 상관없이 '비굴'로 인식되곤 한다. 많이 갖고 겸손하게 살고자 하는 소망을 이루기 위해서는 모르는 것이 당연하고 부끄럽지 않은 학생 시절에 더 많이 질문하고 더 많이 배워야 한다. 상위 5퍼센트 학생들의 특징은 질문을 많이 하고 질문할 내용이 매일매일 생길 만큼 새로운 학습에 대한 도전에 거침이 없다는 점이다.

성적을 유지하는 습관, 실천

얼마 전 필자는 '석봉토스트' 김석봉 대표의 강연을 듣고 큰 감명을 받았다. 일단 김 대표는 제대로 배우지 못한 채 14살부터 온갖 허드렛일을 하면서 생계를 이어왔지만 실제 몰골은 거지였다는 게 맞는 표현이라고 말했다. 그런데 거지들과 같이 생활을 해보니 거지들도 나름대로 꿈도 있고 생각도 다 있더라고 했다. 김 대표가 그들과 조금 다른 것이 있었다면, 그는 성공을 위한 꿈을 실천했다는 점이다.

"거지도 꿈은 꾼다. 핵심은 실천이다."

김 대표의 메시지는 성공 노하우와 학습법이 넘쳐나는 시대에 주목해야 할 핵심 가치이다. 방법을 몰라서 공부를 못하는 학생은 이제 별로 없다. 아는 내용을 실천하고 있다고 착각하는 학생들이 상위 5퍼센트의 성적을 유지하는 것은 쉽지 않은 일이다. 성공한 사람과 상위 5퍼센트의 성적을 유지하는 학생과의 공통점은 바로 실천이다. 아는 내용을 실천하는 것이 상위 5퍼센트 학생들의 공통적인 학습법이다.

우리는 늘 성공한 이들을 동경하고 부러워하며, 특히 수험생에게 있어 절대적인 존재는 원하는 학교에 합격한 선배들이다. 그러므로 수험생이나 학부모들은 성공한 사람들의 이야기를 듣기 원하고 합격한 수험생의 비법을 알기 위해 혈안이 되어 있다. 그 '성공법'을 탐색하기 위해 강연을 듣고, 책을 보고, 신문과 잡지를 구독하며 그들의 성공 노하우를 벤치마킹하기 위해 노력한다.

그러나 입시연구소에서 심혈을 기울여 제공하는 입시정보자료집을 보고도, 그들의 입을 통해 공부법을 직접 듣고서도, 그 어떤 학습법 관련 책보다 더 생생한 강좌에도, 청중들은 그다지 만족스러운 표정을 짓지 않는다. 왜냐하면 합격생들이 들려주는 성공 이야기란 것이 사실 우리가 이미 알고 있는 일반적인 것들이기 때문이다. 귀한 시간 내서 강연에 참석했는데 듣는 말이라곤 "기본에 충실하라", "성실하게 공부해라"와 같은 것이니 그들이 기대한 '진짜 합격 비법'이 아니면 실망하는 것이다.

입시에서나 인생으로나 성공한 사람들의 성공 비법은 사실 특별한 게 없다. 하지만 "땀 한 방울 더 흘려라", "선생님 말씀에 집중하라"는 말에서 깨달음을 얻고 그것을 믿으며 실천하는 사람은 특별하다. 물이 끓기 시작하는 100℃가 되려면 99℃까지는 인내와 열정으로 기다려야 하는 것이다.

거침없이 눈치껏 질문하는 방법

　질문을 하고 싶어도 왠지 눈총을 받을까 봐, 왕따가 될까 봐 질문을 못 하는 경우가 있다. 수업의 흐름을 끊거나 수업을 연장시킬 수 있기 때문이다. 그럼 부작용을 최소화하며 눈치껏 질문하는 방법에 대해 알아보자.

❶ 일단 앞쪽에 앉아라. 앞쪽에 앉아서 자연스럽게 대화를 하듯이 질문을 하면 된다.

❷ 질문은 최대한 짧게! 한 번에 한 가지만 해라. 질문을 하면서 앞뒤 정황의 설명과 자신이 알고 있는 지식까지 다 얘기하면서 질문이 길어진다면 눈총받기 딱 좋다. 질문은 최대한 짧게 한 문장으로 해야 한다.

❸ 답변이 명확하게 나올 수 있는 질문을 해라. 질문을 한 사람도 핵심 파악을 잘 못하고 있다면 질문 받은 사람이 더 헛갈려서 대답을 길게 하는 경우가 있다. 명확하게 결론이 있는 답변을 할 수 있는 질문을 해야 한다.

❹ '쿠션 용어'를 사용해라. "제가 잘 못 들어서 그러는데", "제가 정확히 이해를 못 했습니다" 하는 식으로 질문 이후의 충격을 완화할 수 있는 쿠션 용어를 사용하는 것도 좋은 방법이다. 설령 이미 설명을 했던 부분에 대한 질문이라도 이런 쿠션 용어와 함께 질문을 하면 친절하게 다시 설명을 들을 수 있고 어떤 질문이라도 눈총은 안 받게 된다.

상위 5퍼센트들의 신개념 오답노트

 **오답노트는 최상위권** 학생들에겐 신앙과도 같다. 최상위권 학생들이 쓴 학습법 관련 책 중에는 오답노트의 중요성을 강조하지 않은 책이 없다. 그래서인지 상위 5퍼센트를 노리는 많은 학생들은 오답노트를 정성껏 만들기 위해 부단히 노력한다.

상위 20퍼센트 정도의 학생들은 오답노트를 만들기에 오답이 너무 많다. 문제지와 시험지를 풀고 오답노트를 만든다면 그 오답노트를 정리하는 데 드는 시간이 만만치 않고 관리도 쉽지 않다. 결국 만드는 노력에 비해 활용 가치가 떨어질 수밖에 없고 오답노트에 너무 많은 내용이 들어가게 되어 정성껏 만들어도 다시 보기 힘든 상황이 발생된다.

자신이 상위 20퍼센트 이하의 성적이고 공부를 열심히 하고 있다면 틀린 문제에 스티커를 붙이는 등 표시를 해서 관리한다. 한번 틀린 문제에 스티커를 붙이고, 다시 풀어서 또 틀리면 스티커를 한 장 더 붙인다. 스티커를 또 붙여야 하는 상황이 오면 그때 오답노트에 쓰는 것이 시간도 절약되고 관리도 더 수월하다.

오답노트를 만들 때는

특히 상위 5퍼센트 이내의 학생이라면 오답노트를 조금 더 깊이 있게 활용해야 한다. 오답노트는 틀린 문제를 다시 풀어보고 그 문제가 또 나왔을 때 틀리지 않기 위해 대비하는 공부법으로 인식되어 있다. 하지만 똑같은 문제가 실제 시험에서 나올 확률은 그다지 많지 않다.

오답노트를 만들 때는 틀린 답을 쓴 이유와 논리를 정확하게 인지하고 정리해야 한다. 아무 생각 없이 찍은 문제라면 별 의미가 없겠지만, 자신만의 논리로 고른 답이 틀렸다면 어떤 부분에 논리적인 비약이 있었는지, 잘못 이해한 개념은 무엇이고 어떤 과정이 잘못되어 오답으로 이어졌는지 찾아내야 한다. 오답에 이르는 과정을 이해하지 못하면 깊이 있는 실력으로 이어지기 어렵다.

어려운 시험 문제는 보통 몇 개의 개념을 통합적으로 사고해야 풀 수 있는 문제로 구성되어 있다. 예를 들어 세 개의 개념을 통합적으로 사고해야 풀 수 있는 문제를 틀렸다면 오답을 정리하는 과정에서 부족했던 개념을 찾고 이를 통해 지식의 체계를 한 단계 높이는 데 활용해야 한다. 오답을 사고하는 과정을 통해 불완전한 지식이 완전해지는 실력 상승의 효과를 누릴 수 있다.

오답노트 활용법 

❶ **만드는 것도 중요하지만 활용이 더 중요하다.** 오답노트는 가까운 곳에 두어라. 이미 공부한 내용들이니 자주 접해서 다시는 안 틀리는 것이 중요하다. 깊이감 있게 공부하는 노트가 아니라 자주 접하는 노트로 만들어라.

❷ **고정관념을 버려라, 오답수첩도 대안이다.** 꼭 체계 잡힌 공책이 아니어도 간단한 수첩을 만들어 한 쪽에 한 문제씩 오답을 정리해 나가고 그 수첩을 들고 다니면서 자주 보는 것도 좋은 활용 방법이다.

❸ **모든 오답을 안 적어도 된다.** 정말 다시는 틀리지 않겠다는 생각이라면 오답을 적은 원인을 문제 풀이와 함께 적어놔야 한다. 오답을 적었을 당시의 생각과 내 판단의 기준을 적어놓지 않으면 문제집을 다시 한 번 풀어보는 것 이상의 효과를 거두기가 어렵다.

인터넷 강의에서 길을 찾다

온라인 학습은 반복이 가능하고 시공에 구애받지 않고 수업을 들을 수 있으며, 오프라인과 연계하면 보다 효율적으로 공부할 수 있는 장점이 있다. 게다가 비용이 적게 든다는 확실한 장점도 가지고 있다. 그런데 왜 많은 학생들이 인터넷 강의를 열심히 듣다가도 다시 오프라인 학원을 찾을까? 기본적으로 인프라는 좋으나 실력이나 성적 상승에 효과가 없다는 핵심이 있다.

첫 번째 원인은 학습 관리가 안 되는 이유이다. 선생님과 상호 교감이 없으니 집중력이 떨어지고 다시 들을 수 있다는 생각에 긴장감도 없게 된다. 두 번째 원인은 결국 컴퓨터와 인터넷에 접속해 있는 상황에서 학습을 한다는 근본적인 인프라의 문제다. 청소년들에게 인터넷은 인터넷 강의를 제외하고 학습에 큰 도움이 안 된다. 그런 환경에 접속해 있으니 공부와 별 상관없는 사이트 접속에 대한 유혹을 쉽게 받고 그렇게 허비하는 시간이 많아지는 게 문제다.

이러한 문제를 해결하기 위해서는 본인의 의지가 가장 중요하고 인터넷 강의의 스케줄을 부모님이나 다른 사람에게 맡겨서 관리를 부탁하는 것도 하나의 방법이다. 정확히 부모님이나 학습에 도움을 줄 수 있는 사람과 이번 달 인터넷 강의의 진도와 학습 계획을 함께 작성해보는 노력이 필요하다.

온라인 강의는 일반적인 동영상 강의뿐 아니라 플래시 동영상 강의, 실시간 화상 강의, 모바일 강의, 학습 교안 텍스트 확인 등 그 형태가 매우 다양하다. 온라인 강의로 실력 향상을 도모하기로 결정했다면 우선 자기 성향에 맞는 강의를 선택하는 게 좋다. 무한 반복이 가능하고 어느 때나 접속을 할 수 있다고 해서 아무 시간이나 접속하고 공부를 하는 것보다, 학원에 오가는 시간과 비슷하게 온라인 강의를 듣는 시간을 정하고 가급적 한 번만 듣겠다는 각오로 임하는 것이 좋다.

온라인 학습의 또 다른 장점은 일대일 개인지도와 같이 맞춤식 학습과 평가가 가능하다는 점이다. 또 자신의 취약 영역과 영역별 성적도 확인해볼 수 있다. 이런 평가 결과에 대해 인터넷으로 혼자서 해본 시험이니까 대수롭게 받아들이지 않는 학생들이 많다. 하지만 그런 식으로 공부한다면 틀린 문제는 실제 시험에서 또 틀린다.

상위 5퍼센트 진입을 위해서는 취약 영역을 보완하는 작업이 무엇보다 중요하다. 보통 대형 학원들은 강의를 담당하는 강사와 학생 관리를 담당하는 선생님이 따로 있다. 인터넷 강의를 생각하고 있다면 강의는 온라인 강사에게 맡기고 관리는 부모님께 맡겨야 한다. 그리고 인터넷 즐겨찾기 목록에는 현재 수강 중인 온라인 학습 사이트만 남겨놓고 다 지워야 한다. 찾아본 사이트 기록도 온라인 학습 사이트 외에는 다 삭제해야 한다.

근본적인 유혹에서 벗어날 수 있도록 하는 게 부모의 첫 번째 관리 임무다. 그 다음은 온라인 강좌 출결, 학습 결과물과 관련된 정보를 사이트에서 수시로 확인하는 노력을 해야 한다. 학생을 못 믿어 감시하는 것이 아니라 힘든 학습 과정에 동참하겠다는 뜻으로, 또 동참해달라는 뜻으로 신뢰를 구축하면 된다.

누구에게나 공평한 공부 환경

필자는 비록 오프라인 학원을 운영하고 있지만 온라인 강의를 높이 평가하는 부분이 있다. 풍요로운 교육을 받으며 학습 환경이 완벽한 중학생도, 공부하는 것 자체가 열악한 환경의 중학생도 모두 똑같은 강의를 듣고 똑같은 내용으로 공부할 수 있게 공평한 기회를 준다는 점이다.

사실 실력이 뛰어난 강사들은 강남이나 목동 지역을 선호한다. 그러다 보니 강의의 질이나 관리의 강도가 강남이나 목동, 일산, 분당 같은 교육 특수 지역의 학원들 수준이 높은 것이 사실이다. 실력 있는 강사가 선호하는 지역 학생들이 공부를 잘하고 입시에서 두각을 나타내는 게 지금 대한민국의 상황이다. 그런 지역이 아닌 곳에서 학교를 다닌다면 그렇게 치열하게 공부하고 열정적인 도전 의식으로 가득한 주변 학생들과 함께 생활하지 못할 수 있다.

그렇다고 그게 공부를 등한시하고 열정적인 시간을 보내지 않아도 되는 이유가 될 수는 없다. 정말 좋은 선생님을 만나기 힘들고 또 학원 다니기가 어려워서 혼자서 인터넷 강의를 들으면서 공부를 해야 할 상황이라면 더 열심히 철저하게 노력하자. 그래야 좋은 조건의 경쟁자들보다 앞서갈 수 있다. 어떤 학생이든 지금의 조건이 발전의 원동력이 되길 바란다.

인터넷 강의를 무리하게 많이 듣는 것에 만족하면 안 된다. 반드시 얻고자 하는 목표를 가지고 그날 수업이 없는 과목을 골라 들으면 학습 집중력을 높일 수 있다는 것도 중요한 팁이다. 대성아이멕, 메가스터디, 비상에듀, 비타에듀, 스카이에듀, 엑스터디, 이투스 등 좋은 기반의 인터넷 강의 사이트가 많다. 인터넷 강의 활용팁을 잘 살려 상위 5퍼센트를 향한 교두보로 활용하자.

❶ 문제 풀이보다는 개념 정리가 잘된 강의를 선택하자. 모든 과목이 다 그렇지만 특히 수학은 스스로 풀어봐야 한다. 수학 강의를 통해서 얻을 수 있는 수확은 확실한 개념 정리다.

❷ 강의만으로 외국어 실력이 늘어나길 바라는 건 욕심이다. 실력은 본인이 키우되 요령을 통해 외국어 성적을 올려주는 것이 인터넷 강의가 돕는 유일한 방법이다. 지문을 줄줄 읽어 내려가면서 해석을 해주는 강의보다 실전 감각을 높여주는 강의가 좋다. 문제 접근법을 강조하고 첫 문장으로 핵심 내용을 파악하는 훈련을 시켜주는 강의는 문제 푸는 속도를 올려주고 정답률도 높여준다.

❸ 키워드를 중심으로 설명이 잘된 강의를 선택하자. 한 문제 한 문제 지엽적인 탐구영역의 경우, 문제 풀이보다 머릿속에 큰 그림을 그리고, 출제 가능한 문제의 스펙트럼을 넓게 접근하는 강의를 선택한다. 탐구영역은 강의를 듣는 동안 배운 내용을 모두 안다고 착각하기 쉽다. 따라서 수강 후 5분가량은 들은 내용을 교재나 노트에 간단히 정리한다. 단, 강의를 키워드만 봐도 내가 다시 강의할 수 있도록 정리하자.

07

학생들이 선호하는 암기법

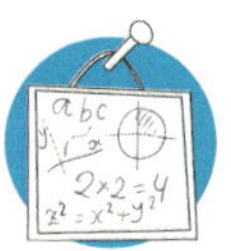

시를 외울 때 시각적 이미지를 한 편의 영화처럼 기억해서 외우거나 영어 단어나 숙어를 녹음해서 다시 들으면서 외우고, 자신의 몸을 지도로 생각하고 위치를 짚어가면서 외우고, 그림을 그려서 외우는 방법 등 상상을 초월할 만큼 많은 방법을 암기에 활용해보자. 특히 많이 활용하는 '시각화' 방법으로 같은 모양의 글자를 외우는 방법이 있다.

임기가 단임제인 국가기관장을 외울 때 대통령, 대법원장 단임제의 ㄷ, 대통령의 ㄷ, 대법원장의 ㄷ이 모두 같다고 기억하는 것이다. 임기는 대통령이 5년이면 "대법원장은 대통령보다 한 글자 더 많으니까 임기도 6년"

글자를 암호로 시각화하는 암기는 상위 5퍼센트 학생들이 가장 많이 쓰는 암기 비법 중 하나다. 상위 5퍼센트 학생들은 누구나 자신들의 '필살기' 암기법을 가지고 있다. 상위 5퍼센트 학생들이 가장 많이 사용하고 있는 암기의 공식, 암기의 법칙에 대해 알아보자.

앞 글자 따서 외우기

가장 흔한 경우는 앞 글자를 따서 순서대로 외우거나 문장을 만들어서 외워야 할 내용을 정리하는 방식이다. 무지개의 일곱 가지 색깔을 순서대로 외울 때와 마찬가지로, 순서가 있으면 그대로 사용하고 순서와 상관없이 외워도 되는 경우라면 기억하기 쉬운 약자를 만들어서 외우는 것도 하나의 방법이다.

이때 리듬을 넣어서 외운다면 감각을 모두 동원하기 때문에 암기에 도움이 된다. 가능하다면 문장을 기초로 심상을 정리하면 암기에 도움이 된다.

신라왕의 순서는 거서간, 차차웅, 이사금, 마립간인데, 이를 외울 때 "거참 이마에 사마귀가 나다니" 하면서 자신의 이마에 사마귀가 난 상황을 연상하고, 후기 인상파 미술가의 순서는 마네, 모네, 세잔느, 고흐인데 이를 "마네가 모내기 중 술 세 잔을 마시고 고추를 먹었다"고 외운다.

노래 부르면서 외우기

외울 내용이 많거나 매끄러운 이야기로 잘 안 만들어지는 경우에는 쉬운 멜로디의 노래 가사로 만들어 부르면 금방 외울 수 있다. 물론 잘 알고 있는 친숙한 노래라야 효과가 있다.

화학 과목의 기본은 원소 주기율표 암기인데 이게 워낙에 까다로운 원소기호의 연속으로 좀처럼 외워지지가 않는다. 그럴 경우 잘 알고 있는 "태극기가 펄럭입니다"에 맞춰서 원소 이름의 앞 글자를 딴 노래를 만들면 된다. "수헬리베 붕탄질, 산프네나 마알, 규인황염 아르곤 칼륨, 칼슘 원소"

물론 앞 글자만 보고 무슨 원소인지 알 수 있도록 원소 이름 정도는 숙지하자.

유사점과 차이점 대조해서 외우기

유사점과 차이점을 발견하여 서로 대조하면서 외워보자. 특히 학년이 올라갈수록 단순 암기한 지식을 요구하는 문제에서 탈피해, 종합적이고 분석적인 이해를 요구하는 문제들이 많이 나오므로 꼭 필요한 암기법이라고 할 수 있다. 이렇게 외우면 잘 잊어버리지 않고 일단 모아서 외우므로 단편적인 지식을 따로 외웠다가 모아서 다시 외우는 데 드는 시간도 짧기 때문에 아주 효과적이다.

알코올에는 메탄 알코올과 에탄 알코올이 있다. 둘의 차이점을 묻는 문제를 공부할 때 순간적으로 다 기억해도 시간이 지나면 상당히 헷갈린다. 간단하게 에탄 알코올은 먹을 수 있고, 메탄 알코올은 먹을 수 없으며 인체에 무척 치명적이다. 우선 에탄은 'ㅇ'으로 시작하고 메탄은 'ㅁ'으로 시작한다. 입 모양을 동그랗게 하고 알코올을 먹어야 하기 때문에 'ㅇ'으로 시작하는 에탄 알코올만 먹을 수 있다는 식으로 유사점과 차이점을 찾아서 암기해보자.

암기 방법을 적절하게 활용할 줄 알아야 많은 정보를 놓치지 않고 외울 수 있다.

❶ 내 것으로 다시 정리하기 똑같은 내용이라도 재구성해서 스스로에게 그 내용을 설명하는 개념으로 접근하면 보다 쉽게 머리에 들어오고, 외우기도 쉽다. 문제집을 활용해도 좋다. 문제집이나 참고서에 정리되어 있는 내용을 이용해 자기 방식대로 요약하는 방식을 따라 하고 또 어떻게 정리하는지 표본이 되어 주기도 한다.

❷ 도식화하기 글로 읽고 외우려고 하는 것보다 관련된 그림이나 도표를 함께 보거나 이해하려는 내용을 '메모리 트리'로 정리하면 기억에 훨씬 오래 남는다. 이를 통해 예상문제까지 확실히 임기하면 시험 때 다른 문제 풀 시간을 벌 수 있다.

❸ 오감 이용하기 시각적 요소도 중요하지만 청각적 요소와 공감각적인 요소를 통한 학습도 상당히 중요하다. 눈과 귀와 손을 이용함은 물론 가능하다면 온몸을 이용해서 암기를 하기도 한다.

❹ 반복적으로 복습하기 암기에 강한 상위 5퍼센트 학생은 선행학습보다는 철저하게 복습에 몰두한다. 일단 내신 시험에 나올 문제는 배운 부분에 대한 철저한 복습으로 풀 수 있다는 사실을 정확히 알고 있기 때문이다.

실력을 100퍼센트 발휘하는 시험 시간

상위 5퍼센트의 학생들은 단순히 열심히 공부하고, 공부한 내용이 시험에 나오길 바라는 스타일로 공부하지 않는다. 쉽게 말해, 시험의 유형을 파악하고 그 유형에 대비한 학습을 적용하는 스타일로 시험 시간과 점수를 정복해나간다. 수능시험을 예로 들어 상위 5퍼센트 학생들의 시험 시간이 어떻게 다른지 알아보자.

고득점을 향한 우리의 자세

수능에 출제되는 문제 유형은 매년 크게 다르지 않다. 새로운 유형이라고 소개하는 문제도 사실 기존의 틀에서 크게 벗어나지 않는다. 그러다 보니 새로운 유형이 아닌 문제들은 많은 수험생들이 이미 접해본 문제들이다. 그런 문제들을 모두 외울 수 없기 때문에 유형을 철저히 분석해 공략법을 파악해야 한다. 상위 5퍼센트는 그 유형 파악에 강하다.

유형 파악으로 고득점을 올리고자 한다면 학습을 대하는 방법부터 달라야 한다. 문제를 풀고 난 뒤엔 문제 유형을 분석하는 연습을 해보는 것이다. 이때는 출제 문제가 단순 암기형 문제인지 단원 통합형 문제인지 분류해보고, 해답지와 자신이 쓴 풀이과정을 비교해봤을 때 가장 효과적인 방법을 찾아 유형별로 정리한다.

예를 들어 최솟값이나 최댓값을 구하는 수열문제가 나오면 '이차방정식의 판별식으로 문제를 푼다' 는 식으로 유형별 방법을 공식화하면 효율적으로 풀 수 있고 그만큼 시간도 단축된다. 유형별로 가장 효과적인 풀이 방법을 공식처럼 외우면 시험에 어떤 문제가 나와도 정답에 빠르게 접근할 수 있다.

시험에서 자기 실력을 최대한 발휘하여 고득점을 올리기 위해서는 시간 내에 모든 문제를 다 풀어야 한다. 시간이 없어 아는 문제를 읽어보지도 못하고 틀리는 것만큼 억울한 일도 없다. 최대한 안정적인 시간 안에 문제를 다시 검토해보기 위해선 시험 종료 5분 전까지 모든 문제를 다 풀어야 한다. 이렇게 시간을 벌려면 처음 문제를 풀 때 소요되는 시간을 최대한 줄여야 한다.

예를 들어 언어영역에서 인터넷의 효용성과 문제점을 비교, 분석, 주장하는 글이 지문으로 나왔다면 인터넷의 효용성과 문제점에 대한 몇 가지 실례가 나올 것이다. 그럴 때는 효용성이 시작되는 문장의 첫 부분과 문제점을 주장하는 부분의 문장 첫 부분에 표시를 하면서 지문을 읽어야 한다.

보통 언어영역 지문에는 일반적인 통념을 전하고 또 이를 반박하는 글이 나오는 경우가 많다. 그런 경우 그에 대한 근거나 사례를 찾는 문제가 출제되고, 저자의 구체적인 이유도 지문에 나오게 마련이다.

학생들이 종종 문제를 먼저 봐야 하는지, 지문을 먼저 봐야 하는지 묻곤 한다. 문제를 보면서 지문을 보면 부분적으로 보는 시간이 더 길어지고, 전체 맥락을 잡지 못하는 부분 해석은 오답으로 연결될 확률이 매우 높다. 문제를 먼저 보는가, 지문을 먼저 보는가가 중요한 것이 아니라, 일단 전체 지문을 한 문장으로 정리할 수 있는 능력을 키워야 한다.

언어영역은 많은 지문을 풀어보는 연습을 하기 전에, 지문의 내용에서 핵심을 뽑아 한 문장으로 만드는 연습이 기본이다. 그 연습이 완벽하다면 지문과 관련한 문제 풀이는 저절로 따라오게 마련이다.

이는 비단 언어영역뿐만 아니라, 독해와 관련된 영어시험에도 적용이 되는 법칙이다. 독해 능력이란 아무것도 모르는 비상한 문법이나 고어의 단어를 찾는 게 아닌 글쓴이의 의도를 파악하는 능력이기 때문이다.

결국 시험공부를 할 때에는 비슷한 유형의 문제 풀이에만 집중하면 안 된다. 마라톤처럼 긴 레이스에서 잠깐 실력을 테스트하는 것은 말 그대로 중간 테스트일 뿐이다. 진짜 시험을 잘 보기 위해 가장 중요한 연습이 무엇인지 알고 그를 적용하는 훈련을 해야 한다. 따라서 시험 대비를 할 때에는 핵심을 정확히 파악하는 연습, 이를 시간 내에 연습해야만 최대한 자신의 실력을 발휘할 수 있다.

시험 때 아는 범위 내에서 자신의 실력을 100퍼센트 발휘할 수 있는 노하우를 만들어 정확히 문제를 푸는 것! 단기적인 점수 올리기가 아닌 장기적으로 다양한 문제 유형에 대처할 수 있는 핵심 찾기 연습! 이것이 바로 상위 5퍼센트 학생들의 공통점이다.

과목별 시험 직전 학습법

일단 시험 시작 3일 전까지는 국영수를 중심으로 한 공부만 한다. "기타 과목은 일찍 시작해서 전 과목 고득점 확보해야지" 하는 전략을 쓰는 학생들이 많은데 기타 과목은 평소의 수업에서 최대한 많은 걸 정리하고 그 다음은 시험 전날에 승부를 걸어야 한다.

❶ 국어는 문제를 푸는 감도 있지만 정답을 찾는 감이 더 중요하다. 한 문제 한 문제 다 풀어볼 시간이 없을 때는 이미 푼 문제집, 그마저도 없다면 문제집과 해설집을 빠르게 읽어나가면서 정답을 보는 감을 키우는 게 좋다.

❷ 수학은 개념 정리를 할 시기다. 개념 자체를 묻는 문제는 암기과목 성향이 강한 파트기 때문에 개념을 정리해놓은 참고서를 훑어보고 시험 시작 3일 전에는 수학 과목을 마무리해야 한다.

❸ 시험 직전 영어는 암기과목이다. 중요한 문장은 외워버려야 한다. 그 문장을 만든 문법 원리나 응용을 할 여유가 없다. 중요한 문법, 어법 사항이 들어간 문장만 다 외우면 정답을 찾는 감이 잡힌다.

❹ 암기과목은 친구들과 협력해서 공부하라. 인간관계가 좋다면 시험 전날 저녁, 또는 시험 당일 아침에 공부를 잘하는 학생에게 어떤 문제가 나올지 물어보고, 정리를 받는 것이 가장 효과적이다. 아니면 각 과목별로 집중적으로 공부할 단원을 친구들과 나누어서 공부한 뒤 시험에 나올 문제를 서로 정리해주는 것도 암기과목 벼락치기의 효과를 높이는 좋은 방법이다. 친구와의 협업이 쉽지 않다면 반드시 외워야 할 부분을 선택해서 집중한다. 반드시 100점을 맞겠다는 생각으로 모든 단원 모든 사항을 다 외우려 하지 말자. 한두 개는 틀리고 나머지는 다 맞겠다는 생각으로 선택과 집중하는 배짱도 필요하다.

상위권 학생이 되기 위한 마인드 컨트롤

Chapter **3**

하고 싶은 공부 해야 하는 공부

요즘 학생들은 공부를 참 잘한다. 부모 세대들보다 확실히 지적능력이 뛰어날 뿐만 아니라, 학습 환경도 좋고 다양한 경험을 하고 있다. 그러나 중요한 것은 동시대를 사는 동년배들과의 경쟁이지 과거나 미래와 경쟁하는 것은 아니다. 상대 평가가 어느 시대보다 더 중요시 되고 있는 지금의 환경에서 한정된 시간에 동일한 내용을 학습하고 있다면 반드시 남다른 전략이 필요하다.

아무리 어려워도 상위 5퍼센트는 존재할 수밖에 없고, 그 안에 들어가는 전략은 반드시 존재한다. 이런 이야기로 시작하는 건 요령을 가르쳐줄 테니 요령껏 공부하라는 말이 절대 아니다. 좀 더 직설적으로 말하면 겸허한 마음으로 최선을 다하라는 말을 강조하는 서문이다.

어떤 과목을 정복하고 싶다는 간절한 바람을 이루기 위해서는 최선을 다해야 한다. 그것이야말로 변하지 않는 진리다. 최선을 다했다는 건 자신의 노력에 스스로가 감동을 받는 상황을 말한다.

이론적으로 다 알고 있다고 자부하면서 자기만의 방법으로 다년간 연습한 사람은 아무리 레슨을 해도 쉽게 고쳐지지 않고 실력 또한 늘지 않는다. 상위 5퍼센트를 원한다면 먼저 백지 상태에서 받아들이고 학습을 진행해보자.

1만 명 중에 1명은 하고 싶은 공부만 하면서 산다. 9,999명에게는 해야 하는 공부, 풀 수 있는 문제, 하고 싶은 공부의 순서가 정해져 있다. 해야 할 공부를 하다 보면 풀 수 있는 문제가 생기고, 풀 수 있는 문제를 완벽하게 풀면 비로소 하고 싶은 공부를 깊이 있게 할 수 있는 환경이 조성된다. 천재라면 하고 싶은 공부만 해도 다들 알아서 인정해주겠지만, 그렇지 않을 확률이 더 크다.

따라서 좋아하는 공부를 하려고 노력하는 것보다, 해야 하는 공부를 좋아하도록 노력하는 것이 상위 5퍼센트로 가는 훨씬 더 빠르고 정확한 지름길이다. 하고 싶은 공부와 해야 하는 공부로 나누는 사람은 하고 싶은 공부와 하기 싫은 공부로 나누는 학생보다 상위 5퍼센트 진입에 더 가까워질 수 있다.

학습 전 5단계 마인드 스트레칭

나는 최선을 다했는데 좋은 성적이 나오지 않는다고 투정을 부리는 학생들이 많다. 그러나 자신이 공부를 하는 데 있어 어떠한 마음자세를 갖고 공부에 임하는지 진단해볼 필요가 있다.

! 1단계_ 1점 하락은 1만 원 이상 손실이다.

'부모님이 어떻게 마련해주신 학원비인데…….'

점수 하락은 불효이자 곧 심각한 경제적 낭비라고 생각한다. 경제 개념이 확실한 상위 5퍼센트 학생들이 주로 사용하는 마인드 컨트롤이다.

! 2단계_ '엄친아' 그만 부러워하고 내가 엄친아 되자.

외모도 뛰어나고 뭐 하나 빠지는 것이 없는 학생들이 주로 다짐하는 마인드 컨트롤. 상위 5퍼센트의 성적까지 갖추어 완벽한 엄친아가 되겠다는 욕심으로 학습에 매진한다.

! 3단계_ 꿈을 이루기 위해 노력하라.

꿈이 있는 청소년! 그 꿈을 이루기 위해서는 지금 공부를 해야 한다는 사실을 아는 상위 5퍼센트 학생들은 꿈을 먼저 생각한 다음에 학습에 임한다.

! 4단계_ 일단 하자! 앞으로 어떻게 될지 모르니까!

뭔가 닥칠 것만 같은 불안감! 특별한 마인드 컨트롤은 없어 보이지만 공부를 안 했을 경우에 밀려드는 불안감으로 일단 공부는 하자고 마음먹는다. 일단 해놓으면 뭔가 될 거라는 막연한 기대감이라도 괜찮다. 이런 마음으로 마인드 컨트롤을 하는 경우가 의외로 많다. 그리고 배울 만하다.

! 5단계_ 성취감을 느껴라.

성취감을 한 번 느껴본 학생들은 의외로 그 느낌을 잊지 못한다. 열심히 공부해서 좋은 성적으로 돌려받는 마인드 컨트롤을 한다.

만약 그런 성취감을 느껴본 적이 없는 학생이라면 앞의 내용 중 하나를 선택해 마인드 컨트롤의 벤치마킹으로 삼아보기를 바란다.

자기만의 학습 스타일을 찾아라 

자신만의 학습 스타일을 찾기 위해서는 모방을 시도해야 한다. 수업 시간엔 공부를 제일 잘하는 학생의 수업 습관을 따라해라. 자습 시간엔 자습을 제일 열심히 임하는 학생의 습관을 따라해라. 수능 때까지 공부 '만' 잘하기보다 공부 '도' 잘하는 학생으로, 자신의 인성과 도덕성을 갈고닦는 시늉만으로도 효과가 있다.

교육 제도의 변화, 믿을 것은 내 실력뿐!

대한민국 창조 교육의 아이콘으로 떠오르고 있는 카이스트(KAIST) 서남표 총장이 앞으로 카이스트에서는 무(無)시험과 면접만으로 학생을 뽑겠다고 해서 큰 화제가 된 적이 있다. 100퍼센트 입학사정관제만으로 좋은 인재를 놓치지 않을 자신이 있다는 이 발언에 대해 열광하는 사람들이 많았다. 현 대통령도 2013년쯤에는 100퍼센트 입학사정관제로 대학을 갔으면 좋겠다는 발언을 한 바 있다.

입학사정관제가 정착하여 지필고사가 완전히 사라지고 학생의 잠재력과 능력을 중심으로 학생을 선발한다면, 대한민국 건국 이래 가장 확실하고 혁신적인 교육혁명 제도로 역사에 길이 남을 것이다. 하지만 입학사정관제의 모호한 기준은 학생들에게 혼란을 줄 수도 있다. 아무리 잘해도 남이 더 잘하면 그 친구가 명문대생이 된다. 노력해도 안 된다거나 억울하다며 호소하는 학생들이 부지기수로 나올 수 있다는 말이다.

입학사정관제란 한마디로 사정관 마음대로 신입생을 뽑는 제도다. 자율과 책임, 투명성과 시장경쟁, 선진시민 의식 등이 어린 시절부터 깊게 뿌리 박혀 있는 사회가 아닌 이상 이러한 제도가 올바로 자리 잡기가 어렵다. 특히 우리나라의 경우, 오랜 시간 교육을 받은 사정관이 있는 것도 아니고, 급하게 사정관이라는 직무를 받고 학생의 일생일대 중요한 결정을 하게 되는 것이니 얼마나 위험한 일인가?

입학사정관이 무시험과 면접만으로 잠재력과 인성을 갖춘 미래의 인재를 선발하기 위해서는 학생들에 대한 엄청난 자료를 준비하고 분석해야 한다. 하지만 지금의 교육제도는 학생 간, 학교 간 변별력 데이터를 적용하기 힘든 실정이다. 결국 입학사정관을 설득할 수 있는 자료를 학생들이 직접 만들어야 한다. 입학사정관제의 마음에 꼭 드는 '포트폴리오' 만드는 방법을 따로 교육받는 학생이라면 걱정이 없겠지만, 그 외의 학생과 학부모들에게는 상처가 될지도 모른다. 그렇다고 사회를 원망하고 자신의 상황만 비관하고 있을 것인가?

우선 완전하지 못한 제도를 인정할 수 없다고 버틸 힘이 우리에게는 있는가 생각해보자. 입시문화를 바꿀 수 없다면 따라가야 한다. 단, 나에게 유리한 방식으로 적용될 수 있도록 내가 먼저 변해야 한다. 게임의 룰이 바뀌면 룰을 익혀야 하는 게 선수들의 운명이다.

교육제도를 받아들이고 마음의 준비를 하자. 흔들릴 필요가 없다. 여기저기 독특한 방법으로 대학에 가고 입학사정관들을 사로잡은 이야기에 무작정 희망을 걸지 말자. 학교에서 하루 종일 대부분의 시간을 보내고 있다면 과목별 학습법에 따라 철저히 학습하라. 과목별 학습법에 따라 학교 교육에 대한 실력을 쌓는 것이 더욱 중요하다. 이것이야말로 변함없이 우리가 추구해야 할 최고의 전략임을 잊지 말자!

집중을 방해하는 공공의 적

 **상위 5퍼센트** 학생들의 가장 큰 공통점 중 하나는 집중력이 남다르다는 점이다. 상위 5퍼센트나 25퍼센트나 책상에 앉아 있는 시간에 큰 차이는 없다. 결국 문제는 집중력! 집중력은 타고나는 게 아니라 의지의 또 다른 표현이라는 연구 결과도 있다. 집중력을 방해하는 요소를 과감하게 제거할 수 있는 의지를 기르자. 그 다음에는 집중력을 방해하는 요소를 살펴보고 그 요소를 과감하게 없앨 수 있는 방법을 제시해보는 것이다.

첫째, 미디어의 유혹에서 과감해져라. 공부하겠다고 책상 앞에 앉으면 심심해진다는 학생들이 있다. 공부에 집중도 하기 전에

MP3에 담을 음악을 검색하고 있다면 기본적으로 집중할 의지가 없다는 증거다. 집중할 의지가 있다면 공부에 몰입하기 전까지 심심하고 답답해도 MP3를 켜는 일을 삼가야 한다.

또 최근 집중력 방해의 선두주자는 휴대폰이다. 문자 메시지를 받으면 수학 문제를 풀다가도 펜을 놓고 답문을 보내는 학생들이 의외로 많다. 문자 메시지는 일정 시간 공부를 끝낸 다음에 보내는 것으로 스스로 약속해야 한다. 특히 학교에서도 휴대폰 사용이 자유로워지는 분위기에서 자기 절제 없는 휴대폰 소지는 자신을 망치는 마약이 될 수 있다.

미디어의 유혹에서 벗어나는 가장 확실한 방법은 본인의 의지다. 미디어가 주변에 없는 게 불안해 공부를 못하겠다면 인터넷 사이트에서 공부에 도움이 되는 음악을 내려받아서 그 음악(바로크 시대 클래식 음악 또는 머리 뇌파를 자극하는 소리)을 들으며 공부해도 좋다. 휴대폰 없이 공부에 집중할 수 없다면 30분 정도 스톱워치를 맞춰놓고 30분 후에 알람이 울리는 기능을 학습에 활용하는 것도 미디어를 활용한 집중력 향상 방법이라고 할 수 있다.

둘째, 꼬리에 꼬리를 무는 잡념을 벗어 던져라. 평소엔 별 생각도 없다가 공부만 하면 전에 있었던 일, 앞으로 생길 일까지 생각하는 유형이 있다. 공부를 하다보면 여러 가지 많은 자극이 들어오는데 그런 자극들이 생각하지도 못했던 여러 가지 생각들을 깨우기 때문에 생기는 일이다. 그런 잡념들은 기억과 연상시키면 훌륭한 공부법이 될 수 있다. 예를 들어 이성계의 위화도회군 대목을 읽다가 대부도에 가는데 차가 막혀 돌아온 사건이 떠올랐다면 이성계가 위화도에서 회군한 이유와 대부도에 가려다 안 간 이유를 매치시키면서 암기하는 것도 공부에 흥미를 높일 수 있는 방법 중 하나다.

 사람은 스스로 감당이 안 되면 회피하려는 경향이 있다. 또 자기의 능력에 비해 도전할 의욕이 안 생기면 집중하고 열심히 할 필요성을 못 느낀다. 공부도 마찬가지다. 자기 수준이나 실력과 맞지 않는 내용을 공부할 때는 맥이 이어지지 않는다.

이럴 때는 겸손하게 자기 수준의 난이도를 생각해보는 게 상책이다. 집중력이 크게 흔들리고 리듬을 타지 못한다면 난이도를 낮추고 스피드를 올려 공부의 발동을 거는 것도 좋은 방법이다. 공부의 흐름을 끊는 난해한 내용이나 고난이도 문제는 일단 체크하고 넘어간 다음, 해결 가능한 수준이 됐을 때 덤벼들어야 한다.

04

그 사람처럼 되고 싶어요

최근 남학생들이 외모에 신경을 쓰느라 공부를 등한시한다며 걱정하는 학부모들이 점차 늘어나고 있다. 이런 이야기를 하면 싫어할지 모르지만, 외모에 신경 쓰는 학생은 공부를 못하고, 수수하게 하고 다니는 학생은 공부를 잘한다는 고정관념은 부모 세대의 편견이다. 애초에 '모범생처럼', '학생답게' 라는 표현이 잘못된 것이다.

공부를 잘하는 것보다 예뻐지는 게 훨씬 더 간절한 희선이의 어머니가 학원을 찾아온 적이 있다. 너무나 당연한 여고생의 바람으로 느껴지지만 어머니의 한숨이 유달리 깊었다. 그런데 막상 희선이를 실제로 만나보니 외모에만 신경을 쓰는 게 아니라 자신을 더 빛내고 싶어하는 건강한 열정을 느낄 수 있었다. 게다가 자신을 가꿀 줄 아는 부지런함도 엿보였다. 성인이 되면 외모에 대한 관심과 사랑이 희선이를 더욱 건강하고 활기차게 만들어줄 것이란 확신까지 들었다.

십대들의 외모 가꾸기

수많은 학교의 다양한 학생들을 오랫동안 상대해본 결과, 외모에 신경을 많이 쓰는 학생일수록 남에게 잘 보이고 싶은 열정도 크다. 성적이 나빠질수록 성적 대신 스스로를 돋보이게 하는 대체재로써 외모에 더 집착하는 경향이 있다. 공부보다 외모 가꾸기가 이목을 끌기 쉽고 또래들 사이에서 우월감도 느낄 수 있기 때문이다.

그런 학생들에게 외모에 신경을 쓰지 못하게 하면 공부를 열심히 할까? 외모에 관심이 많은 학생에게 "대학 가서 실컷 해라", "학생의 본분에 맞게 하고 다녀라" 하는 다그침은 역효과만 낼 뿐이다. 이때는 다르게 접근해야 한다. 예를 들어 키가 작아 고민인 학생에게 "키 작은 것이 약점이더라도 그것을 너의 매력으로 발전시키고 공부도 열심히 해서 공부 잘하는 친구라는 이미지를 만들기 위해 노력해보라"며 격려하는 식으로 접근해야 한다.

어떤 학교에서는 학생이 외모에 신경 쓰는 일이 없도록 복장과

두발을 규제하는데, 어느 정도 유연한 규칙과 기준을 정하고 학생들 각자의 자율에 맡기는 게 더 효과적이지 않을까? 학생들이 학습에 집중할 수 있는 분위기를 망치는 심한 규제는 지양해야 한다. 무엇이든 강제로 못하게 하면 더 하고 싶어지는 게 사람 심리인데 학생들은 오죽할까. 규제가 심했던 고등학교 때 공들여 멋 부리던 학생들이 오히려 대학생이 되면 수수한 옷차림으로 도서관에서 공부하는 경우가 심심치 않게 목격된다.

외모에 신경을 쓰는 학생들의 스타일은 유행을 타기 때문에 사실 비슷비슷하다. 유행은 당시 스타급 연예인들에게 초점이 맞춰져 있다. 자녀가 연예인을 너무 좋아해서 공부를 안 한다고 생각하는 부모님들이 많이 있다. 연예인에게 집착하는 학생들은 부모와의 관계, 친구나 선생님과의 관계 등 다른 곳에 스트레스 요인이 있는 경우가 많다. 스스로 잘하는 게 하나도 없다고 생각하는 학생들이 괴로운 현실에 대한 도피로 완벽해 보이는 연예인에게 대리만족을 느껴 더 집착하는 것이다.

따라서 연예인에게 빠져 있는 건 드러난 현상 중 하나에 불과하니 정확한 원인을 찾아보고 고치려는 노력을 해야 한다. 무조건 혼을 내거나 공부를 위해서 연예인에 대한 관심을 끊으려는 노력만으로는 완전히 해결되지 않는다. 결국 다른 데로 그 화살이 날아갈지도 모른다.

빅뱅에게 배울 것이 있다면

학생들이 좋아하는 스타급 연예인들은 하루아침에 생겨난 게 아니다. 수없이 많은 밤을 눈물로 지새우며 연습생 시절을 보내거나 스타급 연예인이 되기 전에 활동을 접는 등 남모를 사연도 많다. 결국 세상 이치는 똑같다. 연예인이 직업인 사람들은 그 분야에서 열심히 하는 거고 학생의 직업은 학업이기 때문에 그에 맞게 공부를 해야 하는 것이다. 동년배나 겨우 몇 년 선배뻘인 10대 연예인도 자신이 속한 분야에서 성공하기 위해 했던 노력, 그리고 지금도 펼치고 있는 노력, 그로써 충분히 청소년들의 롤모델이 될 수 있다.

몇 년 전, 아이돌 그룹 빅뱅의 이야기가 자서전으로 나왔다. 그 책에서도 상위 5퍼센트의 동기부여를 받을 수 있는 훌륭한 교훈들이 많이 숨어 있다. 그들은 "간절한 소망을 위해 두려움에 맞서는 것, 그것이 바로 용기"라고 당당히 말하고 있다. 상위 5퍼센트 성적을 향한 도전은 험난한 노력과 헌신이 뒤따라야 하는 과정이 될 수도 있다. 하지만 연예인이든 선생님이든 자신이 좋아하는 사람들의 말에 공감하고 좋은 점을 배운다면, 그와 함께 세상에 열심히 맞서는 젊은이가 되겠다는 각오를 충분히 할 수 있다. 연예인을 좋아하는 열정은 상위 5퍼센트의 실력을 갖게 하는 진짜 '열정'으로 충분히 승화시킬 수 있다.

요즘 학부모들은 자녀가 좋아하는 특정 연예인에 관심을 갖고 함께 좋아하며 눈높이를 맞추기 위해 노력하기도 한다. 감성적, 정서적으로는 매우 좋은 시도이지만 그렇다고 연예인에 대한 애정이 자녀의 성장에 결정적인 역할을 하는 것은 아니다. 절대적 믿음은 오히려 부작용을 낳을 수 있으니 주의해야 한다.

좋아하는 연예인이 그 자리에 오르기까지 펼쳤던 노력을 배우려는 마음과 자세로 좋아하자. 그러한 자세가 상위 5퍼센트로 도약하기 위한 마음가짐이다. 연예인 때문에 공부를 안 하는 것이 아니라 그 연예인에게 빠지게 된 근본적인 문제와 원인을 찾아내면 상위 5퍼센트의 진입을 앞당길 수 있다. 공부를 잘하고 싶고, 성공하고 싶고, 주목받고 싶은 욕구처럼 외모에 신경을 쓰는 것도 같은 맥락으로 이해하고 그 열정을 인정하고 받아들이자.

학생이 가장 빛나는 순간은 외모가 아니라 열심히 갈고닦은 실력이 발휘할 때란 점을 상기하면 외모에 집착하는 학생들의 열정을 상위 5퍼센트의 학업능력으로 전환시킬 수 있다.

탤런트 송중기

꿈을 향해 준비하는 자세

성균관대 '얼짱'에서 차세대 스타로 주목받고 있는 탤런트 송중기! 그는 단지 얼짱이란 타이틀만으로 스타가 됐을까? 그는 고등학교 시절부터 대전 지역에서 유명한 얼짱이었고, 연극영화과로의 진학을 계획하던 영화배우 지망생이었다. 하지만 좀 더 폭넓은 교양과 높은 지적 수준의 연예인이 되기 위해 열심히 공부하여 성균관대 경영학부에 입학할 수 있었다. 그는 정확한 발음을 위해 교내 방송국에 들어가 아나운서로 활동하며 만능 엔터테이너의 자질을 갖추기 위해 노력했다. 자신의 상황에서 할 수 있는 최선의 준비를 다했다는 점에서 그는 훌륭한 롤모델이다.

가수 G-드래곤

인생의 목표를 정하는 결단력

22살의 나이에 최고 인기그룹의 리더로 실력을 뽐내며 솔로 가수로도 인정 받은 G-드래곤. 그의 데뷔는 15년 전으로 거슬러 올라간다. 당시 최고의 그룹 가수 룰라의 프로젝트 '꼬마룰라'로 연예계에 데뷔해 또래 친구들보다 더 일찍 인생의 목표를 두고 혹독한 연습생 시절을 견뎌냈다. 그는 한시도 가만히 있지 못하는 성격 탓에 무언가 창작을 하면서 휴식을 취한다. 그는 피곤에 지쳐 숙소에 들어가도 음악을 만들거나 가사를 쓰고, 작곡을 해야겠다고 결심한 순간 거리의 간판, 관람한 영화 등 주변의 모든 것을 곡과 연결시킨다. 20대 청년에게서 배우는 성공 노하우가 정말 훌륭하다.

꾸지람은 나의 가치를 인정해준다는 뜻

미국의 만화가 웹스터는 최근 연락이 뜸했던 지인 20명에게 아무 이유 없이 '축하합니다' 라는 전보를 보냈는데 20명 모두에게 감사하다는 인사를 들었다고 한다. 사실 그 모두가 축하받을 만한 일이 있었던 건 아니지만 스스로 '뭔가 축하받을 일이 있었나 보다' 라고 받아들인 것이다.

모 프로야구팀 감독이 말하길, "자네는 공이 빠른데 컨트롤이 나쁘군"하고 말하는 것과 "훌륭한 강속구를 가지고 있군, 거기에 컨트롤만 있으면 되겠어"라고 말하는 것과는 전혀 다르다고 한다. 장점을 칭찬한 다음에 단점을 지적하면, 연습에 임하는 태도부터 달라진다. 반대로 단점을 먼저 지적하면 자신감을 잃어 장점마저 발휘되지 않는다.

　사실 대한민국은 칭찬에 인색하다. 공부를 못하는 학생에게는 조금 가혹하다 싶을 만큼 기를 죽이고 주류에서 밖으로 내모는 것이 지금의 공교육 문화다. 그렇다고 시대와 환경만 탓하지 말자. 스스로에게만큼은 칭찬에 후했으면 한다. "국어 성적이 왜 그렇게 안 좋은가"라는 질문을 받았다면 당황하지 말자! "국어에 비해 상대적으로 잘하는 과목이 있다, 성적으로는 부족하지만 국어를 사용하는 데 있어서는 전혀 부족함이 없다, 국어 실력을 키우려고 늘 조심스럽게 말하고 신중하게 글을 쓰는 습관을 들이고 있다"고 말해라. 이런 마인드로 입학사정관과 접하는 학생이라면 확실히 강력하고 긍정적인 인상을 심을 수 있다.

　때론 꾸지람만큼 좋은 선생님도 없는데 작은 꾸지람에 상처를 받는 청소년들이 너무나 많다. "입에 쓴 약이 몸에 좋다"고 했다. 쓴맛을 참아내는 인성과 쓴맛을 소화시킬 튼튼한 소화기관이 있어야만 가능한 일이다. 그런 소화기능은 훈련을 통해서만 키워낼 수 있다.

　꾸지람을 받고 있다는 상황을 인식하는 것만으로도 도움이 될 때가 많다. 지금 혼나고 있다는 것은 꾸지람의 대상이 될 만큼 가능성이 있다는 뜻이다. 혼내는 누군가가 자신에게 에너지를 소모할 가치를 느끼고 있다는 뜻이며, 꾸지람을 하면 바뀔지도 모른다는 희망을 아직 버리지 않고 있다는 뜻이다.

청소년 시기에는 꾸지람을 듣고 깨우치며 발전하는 과정을 반드시 거쳐야 한다. 자신이 누군가에게 혼나고 있다면 자신을 희망적으로 바라보고 있다고 생각하자. 상위 5퍼센트의 훌륭한 마인드를 갖고 있는 청소년이라면 말이다.

코치의 시작은 감정 조절이다

'피겨여왕' 김연아를 만든 오서 코치, 베이징 올림픽 금메달리스트 박태환의 노민상 코치, 골프의 여제 박세리의 아버지 박준철 코치. 최고의 스포츠 스타 뒤에는 언제나 그림자처럼 최고의 코치들이 따라다닌다. 이런 코치는 비단 스타에게만 국한된 이야기가 아니다. 남들보다 뛰어난 상위 5퍼센트 학생이 되기 위해서는 썩 괜찮은 코치가 필요한데 학생의 코치 중 부모만 한 사람은 없다.

코치의 시작은 감정 조절이다. 부모와 자식이라는 종속 개념에서 벗어나 객관적인 시각으로 자신이 키워야 할 선수를 바라보고 올바른 길로 코치하겠다는 마음을 먹었으면 선수를 객관적으로 바라보기 위해 노력해야 한다.

코치가 되기로 마음먹은 순간부터 자녀와 관련된 '훈련일지' 를 작성해보자. 훈련 일지 없이 선수를 육성하는 코치는 없다. 코치가 된 이후 자녀, 곧 선수에게 어떻게 코치를 했는지 꼼꼼히 기록해봐야 얼마나 이기적으로 교육을 했는지 깨달을 수 있다. 욕심에 눈이 멀어 선수의 특성이나 의견은 무시한 채 정형화된 노하우만 강조하고 있는 초보 코치의 모습을 곧 발견하게 될 것이다.

또 어린 동생을 두고 있는 자녀에게 종종 무리한 요구나 나이에 걸맞지 않는 행동의 요구도 상처를 주곤 한다. 비록 동생보다야 나이가 많지만 아직도 많이 성장하고 깨우쳐야 할 어린 자녀란 사실을 인지하고 버거운 짐을 요구해서는 안 된다.

자녀에게 "이제부터 부모는 너의 학습 코치가 될 것이고 학습에서 최고로 우뚝 설 수 있도록 지원을 하겠다"는 것만으로도 마냥 공부하라고 강요하는 것보다 한결 힘이 되어줄 수 있다. 선수와 코치는 서로의 역할이 다를 뿐 수평적인 관계다. 코치에게 존댓말을 쓰고 약속한 시간의 스케줄을 꼭 지키라고 요구를 한다면 선수는 컴퓨터 하는 시간과 용돈을 늘려 달라고 요구할 수 있다. 그렇게 서약서를 쓰면 큰소리를 내거나 감정적으로 자녀를 대하는 태도도 사라지고 자녀 역시 감정적으로 행동하지 않는 좋은 습관을 갖게 될 것이다.

그리고 감정적으로 성숙하고 이성적인 코치와 선수가 되기 위해 감성적인 가정 분위기를 꾸미는 것이 좋다. 행복한 순간을 추억할 수 있는 사진을 곳곳에 걸어놓고 자녀와의 추억을 곳곳에 사진으로 전시해놓으면 감정 조절을 하지 못해 범하는 일관성 없는 행동들이 많이 사라지게 된다. 행복한 가정에는 웃음소리, 밥 짓는 소리, 책 넘기는 소리로 가득하다는 말이 있다. 감정적으로 안정된 코치가 이끄는 가정이라면 충분하다.

누구나 쉽게 준비할 수 있는 입학사정관제

Chapter 4

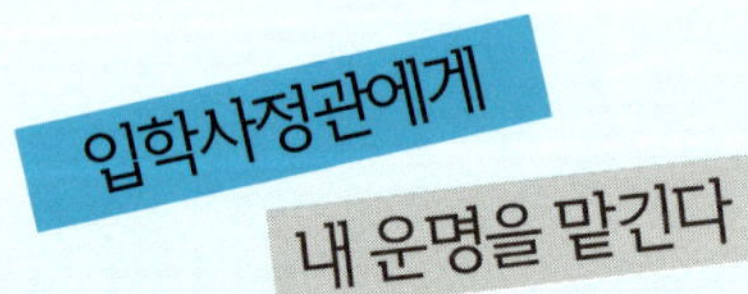

입학사정관제를 강조하니까 많은 학생과 학부모들이 공부를 접고 어디 봉사활동이라도 가야 하나, 동아리 활동이라도 해야 하나, 뭔가 대단한 입상이라도 해야 하나 하고 혼란에 빠지기도 한다. 물론 남다른 경험을 해서 입학사정관의 귀를 솔깃하게 하는 것은 나쁘지 않다. 그런데 아침 7시부터 밤 10시까지 학교에 얽매여 있는 학생들이 활동을 하면 얼마나 할 수 있겠는가!

결국 학교생활에 충실한 것이 가장 확실한 입학사정관 중심의 입시 제도에서 살아남는 방법이다. 대한민국의 대학 서열이 완전히 사라져 희망하는 모든 학생들이 근거리 대학에 배정받을 수 있는 교육 혁명이 이루어지지 않는 한 내신 성적은 상급학교 진학에 영향을 미친다. 자율과 책임, 투명성과 시장경쟁, 선진 시민의식 등이 어린 시절부터 깊게 뿌리 박혀 있는 국가가 아닌 이상 이러한 제도가 완전한 신뢰로 유지할 수 있을지 많은 사람들이 의문을 갖는다. 오랜 시간 교육을 받은 사정관이 있는 것도 아니고 수많은 사람들이 급하게 사정관이라는 직무를 받고 학생을 선발하는 등, 청소년 인생의 중요한 순간을 결정하는 역할을 맡게 되는 것이다.

입학사정관이 무시험과 면접만으로 잠재력과 인성을 갖춘 미래의 인재를 선발해낸다면 비교 대상에 있는 학생들에 대한 엄청난 자료를 준비하고 분석해야 한다. 그렇지만 지금의 교육제도는 학생 간, 학교 간 변별력 데이터를 적용할 수 없다. 대입 본고사를 치르지 못하니 학생들의 객관적인 비교 자료도 사정관이 찾아볼 수 없다. 결국 입학사정관을 설득할 수 있는 자료는 학생들 스스로가 만들어야 한다. 포트폴리오를 만드는 거액의 사교육을 받는 학생들이라면 걱정이 없겠지만, 지필고사가 없는 입학사정관제는 어쩌면 이 시대 학부모들과 청소년들의 가슴에 더 큰 상처를 남길 수도 있는 제도다.

하지만 완전하지 못한 제도라서 인정할 수 없는 입장이라면 결국은 경쟁 사회에서 비주류로 뒤처질 수밖에 없다. 할 수 있는 일은 어떻게든 새로운 제도가 유리하게 적용될 수 있도록 노력하는 것뿐이다.

뚜렷한 주관을 가져라

 필자는 상담을 많이 한다. 기본적으로 학원 등록을 희망하는 학생과 상담을 할 때도 있고 근무를 희망하는 강사들과의 상담도 많이 한다. 상담 후에는 '말을 잘하신다'는 말을 자주 듣는다. 하는 사람은 칭찬으로 하겠지만 듣는 입장에선 조금 허탈해진다.

한 명의 학생과 상담을 하기 위해서 그 학생을 얼마나 분석하고, 도움이 되는 말을 하기 위해 얼마나 많은 경험을 토대로 이야기하는지 그 배경이나 노력은 등한시되고 단순히 말을 잘하는 사람으로 치부되는 것 같기 때문이다. 사람들을 설득해서 자신과 똑같은 생각을 하게 만드는 일은 참으로 어렵고 외로운 작업이다. 그런 힘든 작업을 마치고 정교하게 다듬어진 생각으로 상대방을 대하지

않는다면 모두에게 무의미한 시간이 되고 만다. 그러니까 말을 잘한다는 건 언변에 능한 게 아니라 치열한 생각의 결과임을 명심하라.

입학사정관제가 본격화되면 입학사정관을 설득해야 하는, 정말 중요한 면접이라는 절차가 학생들을 기다리게 된다. 입학사정관 면접이란 대학이 미래의 인재를 선발하는 자리이기도 하지만 여러 학생이 한자리에 모여서 자신의 이야기를 하는 자리이기도 하다. 그런 만큼 수험생 간의 차이가 극명하게 드러날 수 있는 기회이자 난관이다.

입학사정관에게 어필할 수 있는 힘은 '자신'

요즘 학생들을 살펴보면 각양각색 개성이 뛰어나다. 재원생들에게 뭔가 좀 희한해 보여서 물어보면 망설임 없이 개성이란다. 그런데 또 다들 비슷하니까 객관적인 시선으로 바라보면 모두들 개성이 전혀 없는 것 같다. 외모보다 생각의 개성이 있었으면 좋겠다. 그래야 능력 있는 학생으로 어필할 수 있다.

수없이 많은 학생들을 만나야 하는 입학사정관에게 어필할 수 있는 힘은 결국 자신이다. 남들 다 하는 뻔한 얘기가 아니라 무엇인가 생각하며 살고 있는 자신의 모습을 이야기로 말하는 능력이다. 자기 생각을 들려줄 수 있는 것, 그것이야말로 상위 5퍼센트 학생이 되기 위해 가장 필요한 '개성'이다.

청소년 시절에는 자기 세계나 자기 방식을 추구하면서 많이 읽고, 많이 생각하고, 많이 시도해봐야 한다. 지식정보시대를 맞아 지적 능력과 창조적 발상을 키우는 능력이 갈수록 중요해지고 있다.

인터넷을 자유자재로 사용하고 세계어로 통하는 영어 구사능력을 위해 학부모들은 전 재산을 내놓을 각오로 자녀를 유학 보내고 기러기 아빠를 자처한다. 어려운 형편에 자녀들을 위해 과목별 특강까지 수강해주는 학부모들의 열정을 볼 때면 숙연해지고 때론 안타깝기까지 하다. 그들은 경쟁을 기반으로 하는 자본주의 사회에서 좋은 대학을 나오고 뛰어난 실력을 갖추는 게 사회적으로 성공하는 데 유리하기 때문이란 걸 누구보다 잘 알고 있기 때문이다.

구릿빛 얼굴들 앞에 감사하는 마음

하지만 정보화 능력과 지적 능력, 영어 구사 능력만 있다면 성공할 수 있을까? 훌륭한 리더가 되어 누구에게나 존경받을 수 있을까? 물론 아니다. 가슴에서 사랑과 열정을 길어 올리지 못하고 건

강한 손발이 받쳐주지 못하는 머리는 앙상한 논리의 창고일 뿐이다. 밥 한 그릇, 나물 한 젓가락을 먹을 때도 이 나라 농업을 책임지는 구릿빛 얼굴들 앞에 감사할 줄 아는 감성, 물건 하나를 써도 현장에서 노동하는 사람들의 피땀 어린 손길을 느끼는 감성의 피가 도는 머리라야 타인의 마음을 움직일 수 있다.

감성과 함께 또 중요한 덕목이 있다. 평범하지 않은 모습을 보이는 것이다. 비범해지려는 노력이 필요하다. 95퍼센트의 대중과 다른 5퍼센트가 되기 위해선 비범함이 있어야 한다. 삶 속에서 매일 일어나는 사건들을 꼼꼼히 고려해보는 자기성찰, 자신의 장단점을 파악할 수 있는 균형감, 이를 경쟁력 있게 이용하면서 실수로부터 교훈을 얻을 수 있는 토대, 이런 것들을 습관화해 비범성으로 승화시키기란 결코 쉽지 않다.

하지만 다중지능이론으로 유명한 가드너가 보여준 "천재와 보통사람의 차이는 결코 크지 않다"는 것은 새롭다. "다른 사람과 비교해서 당신의 독특한 점을 찾아내 그것을 최대한 이용하라, 그리고 많은 경험을 쌓아라. 그것이 자신에게 소중한 것이 되고 자신을 자극할 수 있다"는 가드너의 지적은 천재성이 멀게만 느껴지는 보통 학생들에게도 충분히 천재성이 있음을 보여준다.

대학에서 엄선해 입학사정 면담을 맡기는 입학사정관들은 절대 인터넷이나 백과사전 속 지식의 알고 모름에 주목하지 않는다. 훌류한 인성과 인격을 갖추고 입학사정관이라는 역할을 하고 있는 만큼 눈높이를 맞춰야 한다. 상위 5퍼센트가 되기 위해 익혀야 하는 학습법만큼 감성과 비범함을 갖추기 위한 노력이 그래서 더욱 필요한 것이다.

좋은 감성을 갖기 위한 훈련 

먹을 수 있는 음식이라고 몸에 다 좋은 것이 아닌 것처럼, 감성만 풍부하다고 해서 이 시대의 리더가 될 수 있는 것은 아니다. 건강을 위해서 좋은 음식을 골라 먹고 나쁜 음식을 피해야 하는 것처럼 좋은 감성을 키우기 위해서는 마음을 잘 먹어야 한다.

자기 학대, 분노와 증오심, 염려와 근심, 두려움 등의 생각들이 가득 찬 마음은 감성이 풍부한 상황이 아니라 마음의 쓰레기를 담고 있는 상황이다. 필요 없는 마음을 버리고 비워야만 좋은 감성으로 살아갈 수 있다. 좋지 않은 마음을 먼저 버리는 것! 좋은 감성으로 살아가기 위한 첫 번째 훈련이다.

매력적인 유머감각 발휘하기

얼마 전 대통령은 2013년 정도가 되면 대학 입시를 100퍼센트에 가까운 입학사정관제로 할 수 있지 않을까 하는 기대를 갖고 있다는 인터뷰를 했다. 물론 실현 가능성을 염두에 두고 반드시 밀어붙이겠다는 의지의 표현까진 아니지만 대통령의 인터뷰를 주목해볼 필요가 있다.

80년대 대기업의 입사 시험은 지필고사가 전부였다. 상식과 영어는 수험생의 국·영·수처럼 중요한 입사 기준이었다. 승진 시험 역시 마찬가지였다. 회사와 관련된 각종 용어부터 상식, 영어 등이 간부 승진을 가르는 핵심 평가 기준이었던 게 불과 10~20년 전이다. 하지만 지금 대기업 중에 채용과 승진의 당락을 시험만으로 결정하는 회사는 찾아보기 힘들다. 대학이라고 변화하지 않으리라

장담할 수 없다. 따라서 대통령의 의견은 충분히 가능성이 있다고 본다. 지필고사를 완전히 안 볼 수는 없겠지만 입학사정관의 영향력과 입학사정관제의 중요성은 점점 커질 것이다.

면접을 통해 자기의 이야기를 충분히 전달하는 건 매우 중요한 일이다. 거기에 한 가지 능력을 더하자. 바로 유머감각이다. 매력적인 유머감각을 발휘하기 위한 조언을 전한다. 유머를 통해 확실히 어필하고 수많은 면접에 지친 입학사정관을 위로하겠다고 생각한다면 다음 사항들을 기억하자.

입학사정관제에 어울리는 유머 감각

첫째, 어설픈 농담은 하지 마라. 면접에서도 유머감각이 필요하다고 말하면 100명 중 10명 정도는 무리한 농담으로 웃음을 자아내려고 애쓸 뿐이다. 무리한 농담은 오히려 감각과 센스를 깎아 먹을 뿐이다. 말씨를 알맞게 사용하지 못한다면 농담은 하지 않는 것이 좋다. 마이너스만 안 되도 상위권으로 들어가는 경우가 있다. 자신에게 탁월한 유머감각이 있다고 자부한다면 그 능력을 마음껏 보여라. 하지만 그게 아니라면 무리한 농담으로 스스로를 깎아 내린 사람들 틈에서 앞서가는 것도 하나의 전략이다.

 어디선가 들어봤을 법한 내용은 호감도를 떨어트린다. 자신이 겪어본 경험이나 인상적이었던 일화 중 상황에 맞거나 자신을 표현할 수 있는 이야기가 있다면 재미있게 전달할 수 있도록 준비해둔다. 뭔가 불리한 상황에 놓였을 때 당황해하고 화를 내는 것보다는 익살을 부리거나, 재치 있는 모습을 보이는 게 훨씬 더 인간적이다. 다른 사람들과의 대화 중 재미있었던 여담, 의견 따위를 나눔으로써 많은 것을 얻을 수 있다.

 면접이나 대화에서 등장하는 코미디는 우리가 추구하는 목적이 아니다. 유머는 자신감 있고 여유 있는, 그래서 미래의 인재가 될 수 있을 것 같은 기대를 불러일으키게 하는 하나의 요소이다. 그런 기대는 종종 호감의 단계로 이어진다. 이러한 기대와 호감의 구성 요소를 면밀하게 분석해보면 인간적이고, 개방적이고, 친절하고, 배려심 있고, 흥미 있고, 품위 있고, 감정적이고, 관심 있고, 즐겁고, 편안하고, 자신감 있고, 이타적이고, 인정 있고, 재미있는가 하는 요소들로 이루어진다.

 입학사정관을 대하는 가장 기본적인 태도이다. 면접장에서 이런저런 이야기를 할 때 입학사정관이 할 수 있는 일 중 가장 핵심은 학생의 얼굴을 보는 것이다. 그때 가장 어필할 수 있는 표정은 미소다. 표정은 인상에서 가장 중요하다. 흥분하거나, 열광하거나, 긴장하는 사이사이 그게 어떤 표정이든 얼굴에 빠르게 나타난다. 유머감각을 어필하는 것은 어렵지만 미소를 보이는 것은 어렵지 않다. 유머감각은 미소를 통해 말없이 나타나기도 한다.

유머 노트를 써라! 

많은 고품격 유머를 접하고 '유머 노트'를 만드는 것도 유머감각을 키우는 방법 중 하나다. 유머 노트란 자신이 누군가와 이야기를 하거나 TV를 보던 중에 정말 재치 있거나 한 번 써먹어 보고 싶은 이야기를 적어놓는 것이다. 보통 기업의 최고경영자들이 구성원을 리드하기 위해 공부하는 방식이다. 이것만으로도 상당히 재치 있고 유머 있는 사람이 될 수 있다.

또 유머 실패에 대비하는 것도 좋다. 유머를 구사했으나 사람들이 안 웃을 때, 누구에게나 닥칠 수 있는 상황에 대한 대비책을 해놓는 것이다. 이를 기억하고 인지하는 것만으로도 충분히 유머감각 있는 매력적인 사람이 될 수 있다.

성공 슬로건으로 어필하라

우리 주위에는 많은 슬로건들이 있다. 목표로 하고 있는 확실한 가치를 힘 있게 내세우는 슬로건을 가장 흔히 접할 수 있는 곳은 프로스포츠 경기장이다. 각 팀이 추구하는 개성과 핵심 가치가 담겨 있는 슬로건을 곳곳에서 볼 수 있다. 자기만의 슬로건을 정하는 건 상위 5퍼센트로의 도약을 위해 매우 중요한 과정이다. 단순히 상위 5퍼센트 진입과 유지를 위한 도약을 슬로건으로 삼거나 조금 더 구체적인 목표를 담아 슬로건으로 삼을 수도 있다.

슬로건은 세부 실행 목표와는 다르다는 게 중요하다. 자신을 표현할 수 있어야 하고 스스로 생각하는 소중한 가치와 자기의 개성을 담아서 자신을 상징해야 한다. 야구선수 이승엽처럼 "혼이 담긴 노력은 결코 배신하지 않는다"는 좌우명을 슬로건으로 삼을 수 있고, 필자처럼 '도전과 변화' 라는 키워드로 자신을 상징하는 슬로건을 만들 수 있다. 또 자신의 롤모델의 사진을 방에 크게 붙여놓는 것으로도 슬로건은 충분히 성립한다.

자신의 의지를 담은 슬로건을 정했으면 눈에 잘 띄는 곳에 놓고 질리도록 쳐다보자. 마음속으로 또는 소리 내서 힘껏 외쳐보자. 그러면 자신이 중요하게 생각하는 가치가 곧 자기와 동일시되는 이미지 훈련을 받는 것과 같게 된다. 또한 자신감이 생기고 매사 적극적으로 행동하게 되는 긍정적 효과가 나타난다. 무엇보다 자신을 나타내는 상징적인 슬로건을 정한 과정과 그러한 자신이 되기 위해 노력했던 이야기들이 입학사정관에게 어필될 수 있다. 아무런 전략도 없이 입학사정관 앞에 앉아 있는 학생보다 동기를 부여한 슬로건이 있는 학생의 차이는 생각보다 상당히 크다.

우리에게는 미래와 젊음이 있다

대기업 회장, 대한민국 최고의 권력자, 상위 5퍼센트가 아니라 특별한 0.1퍼센트들을 생각하면 어떤 느낌이 드는가? 상위 5퍼센트를 지향하는 우리는 그들보다 한참 못한 것일까? 만약 그들이 여러분에게 위치를 바꾸자고 하면 바꾸겠는가? 하지만 우리 청소년들에게는 그들에게 없는 미래와 젊음이 있다. 흐르는 강물을 거슬러 오르는 저 힘찬 연어들처럼 온몸으로 현실에 도전하면서 넓고 깊은 바다를 꿈꾸는 젊은이는 그 자신이 이미 희망이다. 사람은 단순히 나이와 함께 늙어가는 것이 아니라 꿈과 이상을 잃어버릴 때 늙어간다. 청소년만 혈기 왕성한 청춘이 아니다. 꿈을 품고 살아가는 사람은 나이가 들어도 늘 푸른 청춘이다.

세계인의 롤모델이 되고 있는 덩샤오핑이나 넬슨 만델라도 최악의 상황과 패배라는 절망 속에서 꿈을 간직하고 이뤄낸 '재창조하는 삶'의 모범이다. 이들은 한시도 꿈을 잃지 않았다. 그리고 이들의 바탕은 자기 실력이었다. 과거의 경력에 안주하지 않고 새 시대에 필요한 능력을 키우기 위해 쉬지 않고 단련하면서 변화의 흐름을 뚫고 나간 사람들이다. 80~90살이 넘도록 현장을 지켰고 이들은 나이 들수록 푸르러지는 청춘의 젊은이들이었다.

그들에 비하면 우리 청소년들은 너무나 젊고 조건도 좋다. 가끔 이제 너무 늦어버렸다고 이야기하는 고등학생들을 접할 때면 참으로 아쉽다. 직장인들도 평생 공부를 게을리 할 수 없는 요즘 시대에 고등학생 나이로 늦었다고 체념하는 건 있을 수 없는 일이다. 나이보다 더 빨리 정신과 영혼이 지치고 늙어서는 안 된다. 초·중학교 때 공부를 안 해서 그렇다며 한숨을 쉬는 학생들은 현재도 무엇이든 할 수 있는 나이라는 사실을 명심하자.

설령 남들보다 1, 2년 늦는다고 해서 절대 뒤처지는 건 아니다. 초·중학교 때 공부를 안 한 이유로 고등학교 때 좋은 내신을 받지 못하고 좋은 대학에 가지 못하는 이유가 될 수도 있다. 하지만 그게 고등학생 때 학업을 등한시하고 미래에 대한 꿈마저 희미해지는 이유가 될 수는 없다. 잊지 말자! 지금 당장은 대학만을 바라보며 등한시한 초·중학교 시절이 한탄스러울지 몰라도 인생 상위 5퍼센트를 위해서는 지금의 한숨이 더 한탄스러울 수도 있다는 사실을.

기회는 누구에게나 온다. 면접을 볼 수 있는 것은 대단한 기회다. 준비를 안 한 사람은 그게 기회인지도 모르고 자신에게는 운이 없다며 한탄을 한다. 성공하는 학생은 절대 기회를 놓치지 않는다. 하지만 실패하는 학생은 기회를 기다리기만 한다. 자기만의 슬로건을 통해 멋진 면접의 기회를 잡아라. 매력적인 상위 5퍼센트 학생을 지향한다면 자신을 상징하는 슬로건 하나 정도는 멋지게 만들어놓자! 그리고 슬로건을 달성하도록 노력하자.

글로벌 리더들의 성공 슬로건

❶ 미국의 전통 거부 록펠러家_ 모든 권리에는 책임이 따르고, 모든 기회에는 의무가 따르고, 모든 소유에는 책무가 따른다.

❷ MS 창업자 빌게이츠_ 변화 속에 반드시 기회가 있다.

❸ 김대중 전 대통령_ 목표에 이르는 과정에 실패란 없다.

❹ 이건희 삼성 회장_ 경청하라.

❺ 정주영 전 현대 회장_ 시련은 있어도 실패는 없다.

❻ 축구선수 박지성_ 쓰러질지언정 무릎은 꿇지 않는다. 도전이 없으면 더 큰 성공도 없다.

❼ 야구선수 이승엽_ 혼이 담긴 노력은 결코 배신하시 잃는다.

❽ 노벨상 수상자 마담 퀴리_ 그 누구에 의해서건, 무엇에 의해서건, 결코 쓰러지지 않는다.

❾ 미국 대통령 오바마_ 할 수 있다.

❿ 가수 빅뱅_ 죽을 각오로 덤비고 절대 포기하지 않으면 꿈도 결코 나를 외면하지 않는다.

⓫ 경영컨설턴트 짐 콜린스_ 즐기려면 관심을 가져라.

⓬ 구글 창업자 래리 페이지_ 약해지지 마라.

예비 리더의 모습을 갖춰라

우리 사회의 특징은 정보화, 세계화, 개방화, 통합화로 나눌 수 있다. 예전부터 학자들은 이러한 사회가 21세기에 도래할 것이라 예측했고 이런 사회는 이미 시대의 트렌드로 우리 주변을 감싸는 핵심 키워드가 되고 있다. 이와 같은 특징을 갖고 있는 지금의 사회, 그리고 미래 사회의 핵심 리더가 될 청소년들이 갖추어야 할 덕목 중 하나가 리더십이다. 특히 리더십은 입학사정관이 보는 잠재능력 중에 중요한 부분을 차지한다. 학생이 리더십이라는 덕목을 갖고 학교에 입학해 실력을 키워 사회 각 분야의 리더가 됐으면 하는 바람이 있기 때문이다.

성공적인 지도자가 되기 위한 필요조건

첫째, 리더는 비전을 가져야 한다. 리더는 조직의 목표를 정립하고 목표를 달성하기 위한 전략과 실천 방안을 남보다 더 많이 고민해야 한다. 리더는 구성원들을 통합할 수 있을 만큼 인격적으로 안정적이어야 하고 구성원들이 조직의 목표와 전략, 실천 방안에 동의하고 동참할 수 있도록 구체적이고 가시적인 스토리를 전달할 수 있어야 한다.

둘째, 리더는 섬세한 관찰력을 바탕으로 지적인 판단을 한다. 지적인 판단력은 저절로 생기는 게 아니다. 평소에 충분한 독서와 성공한 리더들의 삶을 벤치마킹하고자 하는 열의가 있어야 한다. 관심 있는 영역에 대한 변화를 파악하고 있어야 지적인 판단력이 생긴다.

셋째, 시대는 창의적인 리더를 원한다. 새로운 것을 모색하기 위해 상상력을 최대한 활용하고 창의적인 아이디어를 실천하는 데 과감해야 한다. 창의력은 결코 타고나는 능력이 아니다. 노력으로 키울 수 있다는 믿음이 창의력 있는 인재 탄생의 시작이다. 말 그대로 창의력은 시작의 반이다.

넷째, 의사소통 능력이다. 리더가 조직을 효율적으로 이끌어가려면 시간을 투자해서 조직의 구성원들과 의사소통을 해야 한다.

의사소통 능력은 타고나는 능력이 아니다. 부지런한 사람이 시간을 투자해서 키울 수 있는 능력이다.

목소리가 안 좋아서, 원래 말투가 거칠어서, 자기도 모르게 화난 사람처럼 말해서 의사소통 능력이 없다고 생각할 수 있다. 하지만 소통의 가장 큰 핵심은 구성원이 하고 싶어하는 이야기를 들어주는 것이다. 말하는 능력, 목소리, 말씨는 쉽게 고치기 어려울지 몰라도 경청하고 들어주는 능력은 본인의 의지만으로 충분히 키울 수 있는 능력이다. 상대방에게 필요한 말을 적당한 때에 해주는 능력이 있다면 금상첨화겠지만 잘 들어주는 것만으로도 충분히 멋진 의사소통 능력을 갖춘 리더가 될 수 있다.

다섯째, 리더는 사려 깊은 사람이어야 한다. 사려가 깊다는 것은 함께하는 데 있어 공정하고 변화에 대해 차분하며 민감하게 대처하는 능력과 연관되어 있다. 리더는 구성원들이 해야 할 일과 그 일을 함께 하면서 얻을 수 있는 이득에 대해 해석하고 설명하는 것에 공정해야 한다. 구성원들의 목표에 맞는 원칙과 규정을 마련하고 구성원들의 역할 분담에 공정성을 기하는 것은 구성원들의 협력을 위해 반드시 필요한 덕목이다.

여섯째, 리더는 주도적으로 일하며 사명 의식이 있어야 한다. 조직에 성실히 봉사하는 마음과 희생정신 없이 단순히 자기주도학습 전형이나 자기소개서에 조금 유리하지 않을까 하는 얄팍한 생각으로 조직의 리더를 자처했다면 입학사정관들에게 결코 높은 평가를 받을 수 없다. 진정한 리더는 조직과 관련된 모든 것을 세심히 알고 구성원들의 잘못도 책임지겠다는 마음을 가져야 한다. 리더가 있어 다행이라고 안심할 수 있도록 솔선수범하고 궂은일에 앞장서야 한다.

일곱째, 리더는 긍정적인 태도를 지녀야 한다. 긍정적으로 가치를 평가하고 존중하는 것에서 긍정적인 세계관이 나오며 적극적인 참여 대도가 나오게 된다. 긍정적이고 적극적인 사고방식은 목표 달성을 낙관적으로 만들게 된다. 낙관이든 비관이든 일장일단이 있다. 구성원 중에는 극단적인 비관을 생각하는 사람과 신중하게 비관적 견지를 나타내는 사람도 때론 필요하다. 리더는 모든 부분에 대해 귀를 열어두되 방향은 긍정적으로 가야 한다. 최악의 상황을 걱정하고 최선의 상황을 설명하며 동의를 구할 수 있는 게 바로 리더의 기본적인 덕목이다.

리더는 꼭 커다란 기업이나 사회에서만 필요한 게 아니다. 학교에서도, 학급에서도, 문제해결을 위한 조별 활동에서도 필요하다. 그리고 각 대학들은 혼자만 능력 있는 학생보다 많은 곳에서 영향력을 끼칠 수 있는 잠재력을 가진 인재를 선호할 수밖에 없다. 그런 인재가 되기 위한, 상위 5퍼센트의 리더십을 갖추기 위한 노력이 필요하다.

당신의 롤모델은 누구?

청소년들에게 롤모델을 만들고 따라하기 위해 노력하라고 조언하면 부모님을 생각해보고, 선생님을 찾아본 뒤, 이순신 장군, 세종대왕, 그리고 대통령 정도 찾아보다가 마땅한 롤모델이 없다면서 작은 노력의 불씨마저 꺼트려버리곤 한다.

당연하다. 10여 년 살아오면서 자신의 목표도, 꿈도 애매한데 롤모델로 삼을 만한 사람을 만나기란 쉽지 않다. 롤모델은 결코 존재하는 어떤 한 사람이 아니어도 된다. 남아공 월드컵에서 차두리 선수가 네티즌들에게 큰 호응을 얻은 건 힘든 훈련 중에도 웃음을 잃지 않는 여유로운 모습 때문이었다.

힘든 순간에도 웃을 수 있는 롤모델로 차두리 선수를 생각하면 된다. 가장 먼저 등교하는 부지런한 친구, 공부를 열심히 하는 친구들 모두 롤모델이 될 수 있다. 하나하나 부러워하고 따라하며 배우고자 하는 자세는 자신이 아는 모든 사람을 자기의 롤모델로 만들 수 있는 열린 마인드다. 가상의 롤모델은 충분히 매력적인 동반자이자 조력자가 될 수 있다.

동아리 활동도 전략으로 승부하라

학생 때 취미활동이 입학사정관제 전형에도 도움을 줄 수 있다고 하면, 어디 아프리카에 가서 집짓기 운동이라도 한번 해야 하는 것은 아닌지, 고등학생 동아리 활동반의 대표 학생 정도는 해야 하는 것은 아닌가 하며 자신의 활동을 초라하게 생각하는 학생들이 있다. 결론적으로 절대 그렇지 않다. 누구나 다하는 동아리 활동도 전략적으로 하면 입학사정관에게 어필하는 매력적인 학생이 될 수 있다. 학교 공부만 충실히 하고 학교 다니는 내내 공부 외에는 한 게 없는데 80점을 받는 학생과 다양한 경험과 동아리 활동을 하면서도 똑같이 80점을 받는 학생이라면 누구나 후자에게 더 끌리게 되어 있다.

이제 동아리는 대입을 위한 필수 코스로 자리 잡아가고 있다. 입

학사정관 전형이 대학 입시에서 대폭 확대되면서 비교과 영역의 활동이 당락의 주요 변수로 떠오르고 있다. 공부 안 하는 학생들이 우르르 몰려다니는 정도로 여겨지던 동아리 활동의 중요성이 부각되고 있다. 정말 개인적으로 특이하고 독특한 경험을 많이 해서 입학사정관에게 어필할 수 있는 극소수의 학생을 제외하고 학교 수업과 병행할 수 있는 비교과 활동은 동아리 활동이 최선이다.

그럼 동아리에 가입해 활동 시간을 늘린다면 좋은 평가를 받을 수 있을까? 비슷한 동아리에서 활동했는데 대입 전형에서 평가가 다른 이유는 뭘까? 평범한 동아리 활동을 십분 살려 매력적인 스펙을 만드는 방법은 있을까? 동아리 활동을 전략적으로 활용한 상위 5퍼센트 학생들의 예에서 그 해답을 찾아보자.

시간 때우기로 시작한 글쓰기가…

마음 가는 특별활동이 없어 문예부를 선택한 현태! 현태는 처음에 그저 시간 때우기에 가장 좋은 것이 문예반일 거라는 생각으로 동아리를 선택했다. 하지만 자유롭지 않은 자아 표출을 시나 수필로 마음껏 표현할 수 있는 시간이 매우 흥미롭다는 사실을 깨달았고 특별활동에 더욱 열심히 임하게 되었다. 더구나 2학년 때는 문예반장으로 더욱 적극적인 활동을 했다.

현태는 습작을 거듭하던 끝에 글쓰기는 결코 어려운 일이 아니며, 시(詩) 역시 꼭 시인이 어려운 시작법을 동원해 쓰는 게 아니란 사실을 알게 되었다. 얼마 후 현태는 근처 보육원에 정기적으로 방문해 초·중학생들에게 글쓰기 봉사활동을 하는 것으로 활동의 폭을 넓혔다. 이를 통해 억압된 자아와 상처를 안고 있는 동생들의 마음을 보듬어주고, 시작(詩作)에 대해 설명하면서 아이들이 변화하는 모습을 보고 세상에 대해 새롭게 눈을 뜨게 되었다. 지금은 문학계열로 전공을 정하고 입학사정관에게 자신이 문학으로 봉사활동을 했던 경험과 사회에 기여하고 싶은 포부를 밝히겠다는 전략을 세우고 있다.

'셀카' 찍기의 화려한 변신

특별히 하고 싶은 게 없어 독서토론반에 들어간 하은이의 사례도 시사점이 있다. 하은이는 틈만 나면 친구들과 사진을 찍고 틈만 나면 혼자서도 '셀카'를 찍어대는 그 또래 평범한 여학생이었다. 그러던 중 사진을 좋아하는 친구들끼리 사진 동아리를 결성하게 됐다. 참신한 발상의 전환으로 평범한 취미가 동아리라는 스펙으

로 터닝 포인트가 됐다. 그러나 본인들이 아무리 동아리라고 말해
도 주변의 시선은 여전히 셀카 찍기 좋아하는 여자 애들로밖에 보
이지 않는 게 문제였다.

하은이는 자신의 활동이 공식적인 스펙이 될 수 있도록 전략적
인 활동을 펼쳐나갔다. 일단 비교과 활동 중 가장 접근하기 쉬운
봉사활동과 사진을 연결시켰다. 마침 지역 복지관에 매달 노인들
의 영정 사진을 찍어주러 오는 봉사자가 있다는 소식을 접하고 그
봉사자를 돕기 시작했다. 매달 한 번씩 활기 넘치는 여고생들의 방
문으로 노인들도 걸음을 자주했다. 그들은 사진 봉사활동에 동참했
다는 것만으로도 충분히 전략적인 동아리 활동의 시간을 보냈다고
인정받을 수 있을 것이다.

장애 청소년과의 만남

호진이가 처음 장애인 시설에서 봉사를 한 것은 봉사증명서를
제출해야 하는 방학 수행 과제 때문이었다. 아버지 회사가 후원하
고 있는 곳을 찾아가 시간을 보내고 봉사활동 증명서를 받아오는
것이 호진이의 목표였다. 더구나 학생회 활동을 열심히 하고 있었
기 때문에 비교과 평가 활동으로는 부족함이 없어 봉사활동에 큰

관심이 없었다. 하지만 학생회 활동을 하고 있는 수험생만 전국에 수천 명에 달하는 가운데 뭔가 차별화된 나만의 이야기가 없다면 비교과 활동으로 가산점을 받는 것에 어려움이 있었다.

그러던 차에 방학 수행 과제로 장애인 시설 봉사활동을 하게 되었고, 그 횟수가 늘어나면서 자신이 속한 학생회를 연결해 의미 있는 것을 만들고 싶다는 욕심을 냈다. 이로써 지역 장애 청소년과 함께하는 학교 축제를 성사시켰다. 축제는 장애 청소년과 학생회 오락부장이 함께 진행을 했다. 장애 청소년을 학교 밴드의 객원 싱어로 참가시켜 서로에게 의미 있는 시간을 선물하는 기획력을 발휘한 것이다.

흔히들 비교과 활동으로 봉사활동을 선택한다. 하지만 봉사활동을 해도 흔하디흔한 '학교 주변 환경미화'로 만족하지 말자. 예를 들어 학교 주변에 불량 학생들이 모이는 '아지트'가 있다면 그곳의 환경을 정비하는 봉사활동을 펼치는 것이다. 복지시설의 도움을 받을 수도 있고 경찰서 지구대와 함께할 수도 있다. 봉사활동에 투입한 시간의 양은 평가에서 큰 의미를 발휘하기 어렵다. 인권, 청소년, 장애인이라는 분명한 테마가 뒷받침되어 자기브랜드를 높일 수 있는 봉사활동을 찾아야 한다.

진짜 스펙을 쌓으려면?

비교과 활동으로 어필하고 싶어하는 학생들은 꼭 리더의 경험을 내세운다. 리더로써 큰 역할을 했다면 좋겠지만, 각 학교 동아리나 학생회 리더만도 수천 명에 달한다. 리더를 했다는 것 외에 별다른 차별성이 없으면 역시 크게 어필하기 어렵다. 리더보다 중요한 건 동아리 구성원으로 자신이 했던 역할이다. 어떤 활동에서 무슨 역할을 했는지 자기소개서나 면접시 설명할 수 있어야 한다. 축제 때 자신이 주도했던 행사에서 자신으로 인해 어떤 일이 있었는지, 조직 내에서 어떤 역할을 했는지 소개하고 내용을 첨부하면 좋은 평가를 받을 수 있다.

공식적인 대회에 나가서 수상을 했다면 객관성에서 앞설 수 있다. 동아리의 수상 실적이 많다면 중요도 순으로 표기를 하고, 지도교사와 팀원의 이름까지 구체적으로 언급하는 등 객관적인 입증 자료가 있다면 꼭 제시하는 것이 좋다.

미래 입시에서 동아리 활동은 실력임과 동시에 자신을 돋보이게 하는 디딤돌 역할을 할 수 있다. 하지만 여기서 가장 중요한 건 객관적인 평가 자료인 학생부와 공인 지필고사 성적표를 반드시 갖춰야 한다는 점이다. 비교과 활동을 아무리 열심히 했어도 학생의 본분인 교과 성적을 관리하지 못했다면 좋은 인상을 남길 수 없다.

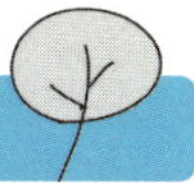

　동아리 활동은 사회생활에 큰 도움을 준다. 가벼운 예이지만, 팀 대항 축구 시합에서 축구 동아리 출신의 후보자와 특별한 경력이 없는 후보자가 비슷한 점수로 만났다면, 당연 축구 동아리 출신의 후보자가 뽑힐 확률이 높다. 신입사원을 통해 부서 분위기를 활기차게 바꾸고 싶어하는 사장에게 개그 동아리 출신, 그룹사운드 보컬 동아리 활동을 한 지원자는 충분히 매력적인 경쟁력을 갖춘 지원자다.

　지금의 활동을 통해 큰 이득을 얻으려는 마음이 없어도, 그것이 도움이 될까 하는 의심이 생겨도 풍부한 경험은 폭넓은 사회생활에 충분히 도움을 준다는 사실을 잊지 말자.

06

못하는 것 때문에 기죽지 마라

필자는 특목고 전문 학원을 설립해 첫해 재원생 72퍼센트를 합격시켰고, 수많은 언론사의 주목을 받아 특목고 합격의 미다스의 손이란 별명을 얻게 됐다. 그러다 보니 많은 학원의 원장님들이 학원 경영 노하우를 배우러 오기도 하고, 정말 능력 있고 훌륭한 강사들이 함께 일하자고 찾아오기도 하는 행복한 시간을 보내고 있다. 그럼 과연 필자가 정말 남들보다 뛰어나서 이런 사랑을 받고 있는 걸까?

신원식 원장이 절대 못하는 것

필자는 학생들이 하루 이삼백 통씩 자유자재로 보내는 문자를 한 번 보내려면 몇 분이 걸릴 만큼 휴대폰 자판에 익숙하지가 못하다. 스마트폰이 뭔지도 잘 모르고, 웬만한 사람들은 다 한다는 페이스북, 트위터도 어떻게 개설하는지 모른다. 수영을 못해 여름에 물놀이도 하지 못하고, 그 흔한 스키도 타 본 적이 없다. 문자도 잘 못 보내는 기계치이다 보니, 자동차가 고장이 나도 보닛을 열고 고치는 건 상상도 못할 일이고, 심한 길치라서 내비게이션 없이는 매일 가던 길도 헤매곤 한다. 컴퓨터 실력도 형편없어 버그라도 나타나면 속수무책 재부팅 외에는 할 줄 아는 게 없다. 거기에 강사에서 학원 경영자가 되면서 겪어야 했던 수많은 일들 역시 남의 도움으로 해결한 문제가 더 많았다.

하지만 많은 사람들은 나를 기계치나 어수룩한 열정만 있고 세상 물정 모르는 초보 경영자로 기억하지 않았다. 필자가 타고났다고 생각하는 분야는 영어 강의이다. 경영은 스스로 세운 학원에서 누구보다 철저하게 배워서 잘하는 분야가 됐지만 타고나게 잘하는 분야는 가르치는 일 하나뿐이다. 가르치는 일로 누구에게 뒤져본 적 없고 학생 성적 올리는 일로는 둘째가라면 서러울 정도다. 그래서 대학교 1학년 때부터 일찌감치 학생들 영어 가르치는 일에 올인

했고 지금까지 그 일은 필자를 상징하는 브랜드가 됐다.

수십 가지의 약점이 있다 한들

누구나 남들보다 잘하는 몇 가지가 있고 그중 한두 가지 정도는 특출난 분야가 있다. 다재다능한 사람도 있지만 한 가지만 잘하는 사람이 더 많다. 다양한 분야에 소질을 나타내는 사람은 다양한 분야를 접하게 된다.

하지만 다양한 분야에 소질이 없음을 확인하면 잘하는 한 가지에 승부를 걸면 된다. 소질이 있어 여러 가지 분야를 두루 섭렵하는 제너럴리스트(Generalist)보다 더 좋은 결과를 가져오는 사람이 필자 같은 학생들일 것이다. 물론 어느 쪽이 옳다고 할 순 없다. 다만 다재다능한 학생들은 자부심과 자신감이 넘치는데 그렇지 못한 학생들은 자신의 약점에 신경 쓰며 의기소침하게 청소년 시절을 보내는 경우가 많다. 하지만 못하는 걸 인정하는 것이야말로 진짜 멋있는 젊음의 마인드다. 물론 포기하고 인정하는 것으로 끝나서는 안 된다. 그만큼 잘하는 분야에 집중해야 한다.

지금 관심을 갖고 지켜볼 것은 인재에 대한 평가 방식의 변화이다. 그동안은 사회가 제너럴리스트를 원하고 모든 과목을 두루 잘

해야 좋은 대학에도 갈 수 있었다. 하지만 이제 대학도 스페셜리스트(Specialist)를 원한다. 그러한 평가는 사회에 발을 딛고 나이가 들고 영향력이 커질수록 더욱 확고해진다.

이승엽 선수가 인기가 있는 건 그가 홈런을 많이 치기 때문이지 못하는 것이 적은 이유는 아니란 뜻이다. 그는 야구 선수가 반드시 갖춰야 할 빠른 발과 선구안도 없다. 그래도 사람들은 홈런 타자 이승엽을 높이 평가한다. 김연아 선수는 스케이트를 잘 타기 때문에, 박지성 선수는 축구를 잘하기 때문에 인기 있는 것이다. 박지성 선수가 기계를 못 다루고 음악성이 전혀 없는 등 수십 가지의 약점이 있다 한들 그에 대한 평가는 훼손되지 않는다.

지금 여러분이 좋아하는 가수, 화가, 스포츠맨 아무나 한 명을 떠올려보라! 그 누구를 떠올려도 여러분은 그 사람이 '잘하는 부분'에 대해서만 평가하고 인정하며 박수를 보낼 것이다. 여러분의 평가 방식이 이제 세상의 표준으로 바뀌고 있고 대학 역시 많은 부분 영향을 받으리라고 본다.

여러분이 가진 약점이 어떤 것이든 그걸 극복하는 방법을 제시하고 싶어서 앞의 이야기를 전했다. 할 줄 모르는 것, 평균이라도 따라가기 위해 노력하는 것, 그것이 성공의 지름길이다. 물론 남에게 피해를 주는 치명적인 약점(인격적인 결함, 성격 문제 등)이라면 보완해야겠지만 그렇지 않다면 포기해도 괜찮다. 대신 포기한 만큼 잘하는 분야에 더 신경 쓰자. 그렇게 자기만의 브랜드를 만들어 나가는 일! 21세기 상위 5퍼센트의 성적과 인생을 위해 반드시 필요한 일이다. 이 책을 읽는 청소년들이여, 건투를 빈다.

내가 잘할 수 있는 일에 매달려라 

대부분의 사람은 2가지 유형의 사람으로 나뉜다. 콤플렉스를 극복하고 'winner'가 된 사람과 콤플렉스 때문에 'looser'가 된 사람이다. 세상에 콤플렉스 없는 사람은 없다. 이 말에 의심이 든다면 성공한 사람들이 쓴 책이나 인터뷰를 찾아봐라. 콤플렉스를 밖으로 내놓지 못하고 있는 사람들도 있겠지만, 성공한 인사들은 다들 콤플렉스에 시달리고 있을 것이다. 나를 콤플렉스로 몰고 가는 일은 빨리 포기하고, 잘할 수 있는 일에 집중해보자. 좋게 보면 굉장히 효율적인 인생이다. 남들 다하는 거 몇 개 못하는 정도라면 포기해도 아무 지장 없다. 즐겁게 잘할 수 있는 일에 집중할 수 있는 청소년이 되어라.

자기소개서에 '이런 건' 절대 쓰지 마라

입학사정관제가 고등학교와 대학교 입시의 핵심으로 떠오르면서 이를 대비한 자기소개서 작성법이 인터넷에 많이 돌아다니고 있다. 틀린 이야기는 아니지만 모든 지원자가 떠도는 자료를 토대로 자기소개서를 쓴다면 그건 문제다.

자기소개서도 간접적인 면접이기 때문에 차별성이 아주 중요한데, 너무 일반적인 형식으로 쓰면 다 같이 제외될 확률이 높아진다. 차별화에 실패한 자기소개서는 잘 쓴 게 아니다. 결국 자기소개서 잘 쓰는 방법이란 건 없다. 그저 자기 방식대로 솔직하게 쓰면 그게 베스트다. 다만 '쓰지 말아야 할 내용과 형식'은 분명히 있다.

써야 할 것, 쓰지 말아야 할 것

첫째, 지원하는 학교의 이름을 확실히 거론해야 한다. 입학사정
관은 해당 학교에 애정을 갖고 그 학교를 빛내줄 인재를 찾는 사람
들이다. 그런데 어느 학교에다 지원해도 무방할 두루뭉술한 소개
서를 어떻게 볼까? 그것은 지원한 학교에 똑같이 뿌렸다고 밝히는
것과 똑같다.

학교 이름은 반드시, 그리고 정확하게 써야 한다. 명덕외고에 쓰
면서 명덕고라고 쓰는 학생도 있고, 하나고에 쓰면서 하나외고라
고 쓰는 학생도 있다. 외국어대에 지원하면서 끝인사로 자랑스러
운 한양인이 되고 싶다고 쓰는 실수를 범하는 경우도 있다. 자신의
꿈과 비전을 위해 귀 학교를 지원한다고 해놓고 "귀 학교에 대해
잘은 모르지만……"이라고 당당히 밝히는 것도 결코 좋은 인상을
줄 수 없다.

둘째, 지원 학교에 대한 강한 애정을 표현해야 한다. 대원외고를
가고 싶었지만 여러 가지 현실을 고려해 귀 학교를 지원한다, 꿈은
의대를 가는 거였지만 새롭게 시작하고 싶다는 등의 말은 매우 솔
직하고 쿨하게 보일지는 몰라도 입학사정관의 마음을 절대 흔들
수 없다.

셋째, 자기소개서에 얼짱 각도 사진은 곤란하다. 자기소개서에

작성한 활동과 관련된 참고 사진이라면 괜찮을지 모르겠다. 그런데 얼짱 각도로 찍은 폰카를 삽입하거나 그로테스크한 전위적 사진으로 자신을 각인시키겠다고 생각하는 학생도 있다. 이는 감점 대상으로 각인될 뿐이다. 10대 후반이라면 진지할 때를 구분하는 눈치 정도는 있어야 하지 않을까?

넷째, 신조어를 쓰지 마라. '신세대답게 신조어를 써도 되겠지? 고리타분하지 않고 감각적으로 보일거야' 라는 생각 또한 위험하다 입학사정관은 학생과 일촌 관계가 아니다.

인재를 선발하기 위해 머리 싸매고 고민하는 '그분' 들의 마음은 어느 때보다 긴장되고 진지한데, "끝까지 읽어주셔서 감솨!! ○○고 완전 좋아요, 꼭 뽑아주삼", "실력은 부족해도 ㅠ.ㅠ 열심히 공부하겠습니다^^"하며 외계어나 이모티콘을 활용하는 것 역시 감점 요인이다. 가뜩이나 누구를 떨어트려야 할지 고민인 입학사정관들에게 탈락시킬 명분만 던져주는 셈이다.

다섯째, 솔직하게 표현하되 자극적인 내용은 피해야 한다. 솔직함은 또 다른 장점으로 표현되어야 한다. 자기소개서에 "아침잠이 많은 편인데 기숙사 생활을 하면서 규칙적으로 생활하고 생활 습관도 고치겠다"는 사람은 솔직함이 부각되고, "성격은 좋지만 욱하는 면이 있다"는 사람은 당신네 학교에 들어가서 사고칠 수도 있다고 협박하는 것으로 들려 거부감이 생긴다.

솔직하게 표현하되 자극적인 내용은 피해야 한다.

 무언가 임팩트가 있을 것이라 생각할지 모르지만 입학사정관이 학생보다 나이가 많을 확률은 100퍼센트다. 반말로 쓴 글은 은연중에 불쾌함을 줄 수 있다.

 맞춤법과 관련한 오타는 특히 더 주의해서 살펴야 한다. 자신은 억울한 실수일지 모르지만 기본이 안 돼 있는 학생으로 오해받기 딱 좋다.

기본이 안 돼 있는 학생을 뽑고 싶은 학교는 없다. 미래에 큰일을 할 인재를 뽑는 게 선발자의 마음이니 큰일을 하기 전에 큰 실수를 할 사람으로 오해받을 수 있음을 명심하고 확인, 또 확인해야 한다.

 학업을 충실히 했고, 뜻한 바가 있어 연수를 다녀왔으며, 부모님의 가르침을 잘 받은 원만한 가정이었다는 이야기는 A군도 썼고 B양도 썼고 C군도 쓴 이야기다. 아무도 궁금해하지 않는 이야기로 전개하는 우를 범하지 말아야 한다.

 글을 쓰라고 하면 유독 어려운 말을 나열하면서 지적 수준의 부족함을 감추려고 하는 사람들이 있다. 별 상관없는, 아니 상관있는 이야기라도 장자의 호접지몽이니 평행우주론이니 하는 것들을 들먹이며 억지스럽게 이어가는 자기소개서 역시 거부감을 불러일으킨다.

　　열째, 뻔한 말을 늘어놓지 마라. 광고홍보학과에 지원하면서 "홍보는 공중과의 관계를 잘 이끌어가야 하는 것이라고 생각합니다" 하는 식의 뻔하고 당연한 얘기를 진지하게 하는 것도 결코 플러스 요인이 될 수 없다. "많이 부족합니다", "아는 것 하나도 없습니다", "잘하는 것은 없지만 열심히 하겠습니다" 하는 말은 얼핏 들으면 겸손한 학생의 미덕 같다. 하지만 입학사정관은 "이왕이면 잘하는 것도 좀 있고 부족하지 않은 학생은 없나"라고 생각한다. 그래도 겸손하게 쓰고 싶다면? 그럼에도 불구하고 왜 부족한 자신을 뽑아야 하는지 논리적인 이유를 명확히 추가하라.

잘 쓴 자기소개서의 공통점은 자기 이야기가 실례로 녹아 있어 상당히 진솔하고 품위가 있다. 무엇에 감명을 받았다는 이야기를 하는 게 아니라 어떤 일을 겪었고 그로 인해 어떤 감명을 받았는지, 길지 않더라도 핵심이 들어가 남다른 스토리가 상대방을 움직이고 자신에 대해 관심을 갖게 하는 것이 훌륭한 자기소개서다.

필자가 본 가장 인상적인 자기소개서는 자신의 취미가 쓰레기 분리수거인데, 그를 통해 환경의 소중함을 배웠고 환경전문가라는 꿈을 갖게 됐다는 내용이었다. 어디에서 태어나 어떤 부모님 밑에서 어떻게 공부한 이야기는 없었지만, 자기만의 스토리가 있는 소개서로 나머지 부분을 이해하는 데 충분했다.

상위 5퍼센트 자녀를 꿈꾸는 부모님들께

Chapter 5

지식은 하루아침에도 얻을 수 있다. 포털사이트에 들어가면 세상만사 모든 지식을 단 몇 초 만에 알 수 있는 시대에 지식의 습득만을 강조하는 건 어쩌면 어불성설인지도 모른다.

그러나 지혜는 그렇지 않다. 세상을 살아가는 삶의 과정에서 항상 깨어 있는 눈으로 생각하고 느끼고 몸소 체험하면서 안으로 가꾼 열매가 지혜다. 지식은 메마른 분석이고 분별이기 때문에 영혼을 담기 어렵지만, 생명력을 지닌 지혜는 조화와 균형을 갖춘 영혼의 빛이므로 지식보다는 지혜를 갖추기 위해 노력해야 한다. 부모들도 지혜로운 교육을 펼쳐야 한다. 이러한 부모의 철학을 자녀에게 전달하는 방법은 직접 대화하는 것보다 이메일이나 편지로 하는 게 훨씬 더 효과적이다.

　부모와 자녀가 대화할 수 있는 시간은 생각보다 많지 않다. 일상적인 대화를 하다가 갑자기 심각한 이야기를 꺼내는 것 역시 생뚱맞고, 자녀들이 받아들일 자세도 담보하기 어렵다. 특히 먼 거리에서 유학을 하고 있는 자녀라면 메일이나 편지의 효과는 배가 된다. 정기적으로 세상이 어떻게 변하고 있는가에 대해 설명하고 부모의 바람을 전한다면 더 바랄 것이 없을 것이다. 참고할 만한 읽을거리가 있으면 이메일이나 편지에 함께 넣어주고, 현대판 영웅들의 감동적인 이야기도 전하면서 인물에 대한 부모의 생각을 곁들이면 자녀들에게는 좋은 롤모델이 될 수 있다.

　경제적 자립을 어떻게 할 것인가 하는 주제도 던져봐야 한다. 사랑하는 많은 사람들에게 보답할 수 있길 원하는지 현실적인 물음도 던지고, 부모가 지금 교육을 시켜주는 건 한시적이라는 점도 설명해주어야 한다. 미래에 대한 생각 없이 단순히 공부만 하는 학생으로 성장하는 걸 원하지 않는다면 커뮤니케이션을 통해 심리적, 정신적으로 독립심을 키워주는 역할은 부모의 가장 중요한 임무이다.

부모와 자녀의 신뢰를 책임지는 이메일

꽃은 저마다 때가 되면 피어난다. 화초를 키우는 이들이 할 일은 꽃이 필 때까지 보살피면서 기다리는 것이다. 특히 자녀의 생활을 항상 지켜보기 힘든 아버지의 교육은 꽃을 피우는 기다림을 기반으로 해야 한다.

언젠가 변화경영연구소 구본형 소장의 자녀 교육법을 인상 깊게 읽은 적이 있다. 장성한 두 딸의 아버지인 구 소장은 자녀들에게 이래라저래라 하는 말을 거의 하지 않았다고 한다. 그저 "원하는 게 뭐냐"고 묻고 잘 모르겠다고 하면 함께 찾아주는 것이 교육의 핵심이었다고 했다. 특히 잘못했을 때는 따끔히 혼을 냈지만, 서로 갈등이 생겼을 때는 편지를 썼다고 한다. 구 소장은 "말을 하면 감정 때문에 적절치 못한 표현을 하게 된다"며 "편지를 통해 부모의 의사를 분명하게 전달했다"고 말했다.

학교에서 혼나고 의기소침해져 있는 중학생 딸에게는 "예쁜 딸에게, 그러나 오늘은 미운 딸에게"라고 시작하는 편지를 썼고, 성적 때문에 고민하는 고등학생 딸에게는 경험에 따른 효과적인 공부법을 편지로 제안했으며, 대학에 들어가 다이어트에 열중하는 딸에게는 살 빼는 데도 적절한 방법이 있으니 적게 먹으면 머리만 신통치 않는다는 것을 잊지 말라는 충고를 편지로 전했다. 편지를 통한 꾸지람은 자녀들에게 일방적으로 혼났다는 느낌이 들지 않게 하고 부모의 입장을 이해하게 만드는 효과가 있다.

꽃도 지속적인 관심을 기울여야 아름답게 피어난다. 자녀들은 더욱 그렇다. 구 소장은 등교하는 자녀를 매일 차로 태워다 주면서 함께할 수 있는 시간을 확보했다고 한다. '굳이 그렇게까지 해야 할까' 하는 사람도 있겠지만 자녀의 성공을 위해서는 자녀들과 함께 있는 시간에 투자해야 한다.

청소년 자녀를 둔 아버지들은 "애들과 같이 있고 싶어도 이제 나를 끼워주지 않는다"며 고민한다. 필요할 때는 정작 주변에 없다가 뒤늦게 여행이나 외식 등 불편한 자리를 일부러 마련하려는 아버지들이 많기 때문에 그러한 사태가 벌어지는 것이다. 항상 자녀 주변에 있다가 아버지를 필요로 할 때 옆에 있어 주는 것이 중요하다. 누구나 편지를 쓸 수는 있지만 누가 나에게 썼는가에 따라 그 영향력이 달라지기 때문이다. 자녀에게 쓰는 편지만큼은 큰 영향력을 발휘할 수 있도록 시간을 투자하고 관심을 기울여야 한다. 다음은 구 소장의 큰 딸이 중학교 시절 거짓말을 했을 때 쓴 편지의 한 예다.

해린이에게

사람은 잘못을 통해 배울 수 있다. 그러나 반드시 대가는 치러야 한다. 너는 어제 한 친구에 대한 배려를 위해 부모를 속였다. 너 스스로에게 떳떳하지 못했고 아빠, 엄마의 마음을 아프게 했으며 서로의 신뢰를 저버리게 했다.

세상에는 한순간의 욕망과 그릇된 판단 때문에 모든 것을 잃은 사람이 많다. 호화로운 재벌이었다가 전 재산을 잃은 사람도 있고 존경받는 지도자였다가 위선의 탈이 벗겨지면서 명예와 지위를 잃은 사람도 있다.

잘못의 시작은 언제나 자신을 정당화하는 데서 시작된다. 먼저 자기를 속이고 남을 속일 준비를 한다. 거짓말이 발각되면 스스로 무너져 당당함을 잃고 자기가 쉽게 속일 수 있다고 믿었던 사람들 앞에 무릎을 꿇고 구걸하게 되는 것이다.

그때는 이미 모든 것을 잃고 난 후다. 거짓말은 바로 그런 것이다. 거짓말의 중독에 걸리면 나중에는 죄의식조차 갖지 않게 된다. 지금 고치지 않으면 너는 결코 존경받는 사람이 될 수 없다.

존경은 자기 자신으로부터 오는 것이다. 스스로 엄격하게 대해라. 스스로 좋아하는 사람이 되도록 애써라. 한 달 동안 다음 주제에 대해 생각하고 일주일에 한 번, 한 페이지씩 정리해 아빠에게 제출하도록 해라.

① 사람이 거짓말을 하게 되는 이유를 이번 사건을 중심으로 생각해보아라.
② 거짓말이 인간관계에 미치는 영향
③ 10년 후 내가 바라는 스스로의 모습
④ 10년 후 내가 바라는 모습의 인간이 되기 위해서 내가 당장 시작해야 할 일들

– 동아일보 기획시리즈 명사들의 자녀교육법
구본형 소장 편(2006년 4월 21일)

자녀들이 바라는 부모

학부모들과 상담을 하다 보면 자녀들에게 바라는 부모의 바람은 한두 가지가 아니다. 하지만 자녀들도 마찬가지로 부모에게 바라는 바가 많다. 학생들이 부모에게 바라는 것은 무엇일까?

❶ 따뜻하고 친절한 부모_ 부모는 자녀에게 부담을 주기 싫다는 이유로 "넌 몰라도 돼"라고 말하지만 자녀들이 바라는 건 부모의 진솔한 모습, 그리고 가족이 구성원으로서 존중받고 싶은 마음이다.

❷ 칭찬하는 부모_ "입에 쓴 약이 몸에 좋다"라는 채찍질이 부모 세대에는 미덕이었을지 몰라도 지금 청소년들은 입에 단 약이 몸에도 좋다고 생각한다.

❸ 비교하지 않는 부모_ 비교를 당하는 자녀들은 우리 부모와 다른 집 부모를 비교한다. 역지사지로 보면 하지 말아야 할 행동 중 하나다.

❹ 친구를 인정해주는 부모_ 공부를 조금 못하거나 외모가 단정하지 못한 자녀의 친구는 부모 눈에 조금씩 부족하게 느껴진다. 그렇다고 절대 친구를 깎아내리거나 비난해서는 안 된다. 친구에게 하는 비난은 자신이 받는 비난과 동일시 하는 게 청소년기 학생들의 특징이다.

❺ 행복한 부모_ "너 때문에 산다"며 격려 아닌 격려를 하는 부모들이 있다. 이 말은 절대 격려가 되지 않는다. 부담감만 안겨준다. 부모가 행복해 보여야 자녀들도 안정을 찾을 수 있다. 자녀들이 원하는 부모 역시, 부모의 인생에서 행복한 부모이다.

좋은 학원을 고르는 방법

 **우리나라 학부모들은** 학교보다 학원이나 사교육 컨설팅 업체로부터 더 많은 교육 정보를 얻고 있다. 최근 서울대 교육연구소가 전국 13개 학교 학부모 1,791명을 대상으로 실시한 '교육 수요자 정보에 대한 실태조사' 결과에 따르면 교육 수요자 중 23.6퍼센트만이 담임교사 등을 통해 학교에서 교육 정보 및 상담을 제공받았고 나머지 76.4퍼센트는 학교 밖에서 얻은 것으로 조사됐다. 선행 학습을 제공하는 학원에서 입시 전반에 걸친 다양한 교육 정보를 제공하는 셈이다.

필자는 비록 사교육에 종사하고 있지만 학교 공부만으로 상위 5퍼센트 이내를 유지하는 학생을 가장 높게 평가하고 바람직하다

고 본다. 정말 모든 학생들이 그렇게 됐으면 하는 바람이지만 상대평가이니만큼 학원을 안 다니면서 상위 5퍼센트를 유지할 수 있는 학생은 산술적으로 5퍼센트를 못 미친다. 어차피 공교육과 사교육의 병행으로 경쟁력을 키우는 게 대세라면, 정말 제대로 된 학원에서 귀한 시간을 보내야 한다. 다음 내용을 학부모와 학생이 함께 숙지하기 바란다.

기본적인 학원 선별 요령

첫째, 자신에 대한 파악부터 하자. 아무리 좋은 학원이라도 자기 자신과 맞지 않으면 효과가 없다. 어차피 학원은 부족한 부분을 채우기 위해 다니는 것이다. 자신이 어떤 과목, 어떤 영역에 취약한지를 정확히 파악해 이를 보충할 수 있는 적합한 학원을 찾는 것이 현명하다. 당연한 이야기지만 아직도 많은 학생과 학부모들이 중학교 1학년이면 중학교 1학년 종합반, 2학년이면 2학년 종합반, 이런 식으로 학원을 찾는다. 전 과목이 다 떨어지고 비등비등하게 배워야 하는 상황이면 모를까, 그런 전략 없는 투자는 밑 빠진 독에 물붓기요, 그야말로 등허리 휘는 사교육뿐이다.

수강을 결정하기 전 학원에서 레벨 테스트를 꼭 받아보고, 반 배정 전에 자신의 의사를 정확히 표출해야 한다. 레벨 테스트로 결정이 되었더라도 강의 레벨은 맞는지, 수강 후에 실력이 오르겠다는 확신이 서는지 점검하고 스스로 하는 노력이 병행되어야 좋은 학원 생활이 된다.

둘째, 자발적으로 공부하게 하는 강사를 찾아라. 학원의 명성이나 강사들의 출신 학교만 보고 학원을 선택하는 것이 대표적인 학원 수강 패턴이다. 어느 정도는 그런 선택이 안정성을 보장하긴 하지만, 한정된 시간에 경생을 하고 상위 5퍼센트 이내를 유지하겠다는 목표가 있다면 학원 선택도 신중해야 한다.

학원의 핵심은 브랜드가 아니라 강사다. 하지만 수강을 신청해야 해당 강사의 강의를 들을 수 있어 일단 신청을 했는데 자신과 안 맞는다면 또 옮겨야 하는 손해가 발생한다. 이럴 때 가장 좋은 방법은 그 강사의 강의를 수강하고 있거나 수강한 적이 있는 선배나 친구들에게서 정보를 얻는 것이다. 어떤 학원에 다니는 학생들이 강사에 대해 만족하고 있다면 일단 그 학원의 강사진은 어느 정도 안정돼 있다고 믿을 수 있다. 강사들은 자신의 실력에 맞는 수준의 학원을 선택하기 때문에 어느 정도 수준이 비슷한 강사들이 한 학원에 모이기 때문이다.

학원에서 추천해주는 강사가 있다면 일단 그 강사의 학습 관리 능력을 확인해보자. 학원 교육 전문가의 입장에서 보면 명문대 출신 선생님들이 꼭 우수한 강사는 아니다. 자신의 학업능력과 학생들을 가르쳐서 실력을 키워내는 건 분명히 다른 일이다.

영어과 강사라면 대부분 영어를 잘한다. 타 과목 강사들도 마찬가지로 강의는 다 잘한다. 핵심은 그 강사가 학생의 실력을 상승시켜줄 것인가, 아닌가를 가늠해보는 것인데, 실력 상승은 자신이 공부를 해야 가능하다. 공부를 하게 만들어주는 강사가 좋은 강사다. '특급 강사'의 핵심적인 역량은 수강생들이 자발적으로 공부하도록 유도하는 능력이다. 진짜 유능한 강사는 강의를 잘하는 사람이 아니라, 수업의 관리자로서 학생들에게 공부의 방향을 제시하고 따라오게 만드는 리더다.

셋째, 학원에서 내세우는 실적의 이면을 보라. 매해 학원마다 특목고 합격생을 중심으로 한 입시 실적을 발표한다. 학교 성적이 우수한 학생을 발표하는 학원도 있다. 여기서 숫자에 현혹되기가 쉽다. 중요한 건 자신이 다니고자 하는 지역의 학원에서 합격생이 얼마나 나왔는지를 확인하는 거다. 자신과 상관없는 지역에 있는 학원의 특목고 합격생 수치와 무슨 상관관계가 있을지 냉정하게 생각해봐야 한다.

넷째, 학원의 시스템이 자신의 성적을 올릴 수 있을지 살펴라. 학원의 시스템이란 학습 시스템, 관리 시스템, 상담 시스템 등을 말한다. 학원을 선택하기 위해 상담을 할 때에는 막연히 학원 측에서 하는 이야기에만 귀를 기울이지 말고 적극적으로 물어보는 열성이 필요하다.

어떤 시스템으로 학습을 시켜 성적을 올려놓을 계획을 갖고 있는지, 어떻게 학습을 관리해줄 것인지, 학습이 잘 진행되고 있는지 어떻게 점검하고 어떤 상담을 할 것인지를 물어봐야 한다. 자신과 비슷한 수준의 학생이 몇 개월 전에 입학해서 지금은 어떤 상태에 놓여 있는지 설명해줄 수 있느냐는 질문을 꼭 해보자. 학원의 가장 중요한 기능은 잘 관리되는 시스템 안에서 학생 스스로 공부해서 실력을 키울 수 있는 환경을 갖추고 그 부분을 핵심으로 생각하고 있는 것이다.

다섯째, 자습실과 도서실을 살펴라. 학생들은 강의시간 외에도 학원에 머무르는 시간이 의외로 길다. 때문에 자습실, 상담실, 휴게실 등을 점검하는 것이 필요하다. 시설의 유무만 확인하지 말고 많은 학생들이 진지하게 공부를 하고 있다면 일단 50퍼센트는 확실한 학원이다.

그러한 시설은 학원장의 학습에 대한 마인드를 엿볼 수 있는 요소이기도 하다. 그러한 시설 없이 당장 수업을 할 수 있는 공간으로만 채워진 학원이라면 향후 교육시설에 대한 투자도 기대하기 어렵다. 어떤 상황에서든 생길 수 있는 공강 시간에 그런 시설이 없다면 놀러 나가고 싶고, pc방 가고 싶고, 잠깐 나가서 간식을 사먹고 싶은 유혹에 쉽게 빠질 수 있다. 다만 매점이 있는 학원은 권하고 싶진 않다. 매점이 없으면 불편할 정도의 규모라면 모를까 학습 긴장감을 깨는 방해요소가 되기 때문이다.

이 정도를 살필 수 있다면 상위 5퍼센트를 지향하는 학부모, 학생으로서 학원을 보는 안목은 어느 정도 갖추었다고 볼 수 있다. 하지만 앞에 설명한 것은 말 그대로 기본적인 선별 요령일 뿐이다. 가장 중요한 것은 그 학원에 대한 평판이다. 강사의 학력이나 경력, 학원의 실적은 포장이 가능하고 시스템도 그럴싸하게 설명한 후 지키지 않으면 그만이다. 가장 확실한 것은 오랜 시간 수많은 사람들의 눈과 귀와 성적이 만들어낸 그 학원에 대한 평판이다. 한정된 시간 안에 같은 목표를 갖고 경주를 펼치며 효율적으로 공부할 수 있는 학원을 택해야 한다.

여섯째, 학원을 너무 자주 바꾸지 말자. 한두 달 만에 학습 효과가 없다고 이리저리 학원을 옮겨 다니면 그 시간만큼 허송세월하기 쉽다. 강사나 강좌가 마음에 안 든다면 정확한 원인을 생각해보고 상담을 통해 학원 내에서 길을 찾는 방법을 권한다. 믿을 수 없는 학원이라면 아예 등록을 하지 말고, 등록을 했다면 인내심을 갖고 그 학원에 적응하는 게 가장 바람직하다.

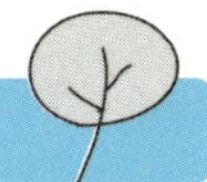

❶ 학교든 학원이든, 아무 생각 없이 다니지 마라.

❷ 자신이 힘들게 번 돈으로 학원비를 낸다고 생각하라.

❸ 비싼 학원 보내줬다고 부모의 역할을 다했다고 생각하지 마라.

❹ 습관적으로 연장 등록하지 마라.

❺ 이런저런 불평하면서 괴롭게 다니지 마라.

❻ 불평, 불만만 일삼으며 학원을 소홀하게 생각하지 마라.

모범생이 되라고 강요하고 있는가?

공부에는 전혀 관심이 없는 중1, 중3 형제를 둔 어머니가 상담을 요청한 일이 있었다. 한참 공부에 재미를 붙여야 할 나이에 공부는 등한시하고 놀기 좋아하며 억지로 붙잡아 놓아야 겨우 책상에 앉아 있는 정도이다. 그런 형제들 때문에 어머니 얼굴에 고민이 가득했다. 무엇보다 걱정인 건 형제가 어느 것에도 열정을 보이지 않고 무기력하다는 점이었다.

엎친 데 덮친 격으로 사춘기가 찾아와 더 예민해지고, 도무지 소통이 되지 않는다. 영영 낙오자가 될 것 같다는 생각에 언성 높여 공부만 강요하는 악순환이 계속되고 있다고 했다.

열 번 언성을 높이는 것보다 효과적인 방법

책상에 앉아서 조용히 공부하고 사춘기가 뭔지도 모르고 공부에만 집중하는 모범생! 그런 모범생은 어머니의 높은 언성으로 만들어지지 않는다. 언성만 높이는 교육은 감정의 골만 깊어지고 사춘기를 지나서도 부모와의 관계가 원만하지 못하는 슬픈 미래가 지속될 수도 있다. 학교 다닐 때 공부 좀 시키겠다고 부모 자식 간의 관계를 망가트리는 우를 범해서는 안 된다. 합리적인 대화로 풀어야 한다.

공식적으로 가족들이 모두 함께 모여서 안건을 내놓고 의견을 좁혀서 방법을 찾는 가족회의 시간을 가져야 한다. 자녀들에게 요구할 사항이 있으면 자녀들에게 건의를 해야 한다. 사춘기 아이들은 감정이 예민하고 생각과 몸은 이미 성인과 비슷하기 때문에 미성숙한 생각을 하면서도 본인이 어른과 같은 생각을 하고 있다고 착각한다. 하지만 그걸 비웃어서는 안 된다. 그런 만큼 "엄마의 생각은 이런데, 너희 생각은 어떠니?"라고 존중하는 자세로 의견을 물어야 한다.

자녀들 역시 부모에 대한 사랑이 깊기 때문에 결코 무조건적인 반항이나 거부로 맞서지 말고 최대한 받아들이려고 노력한다. 그러니 자신들의 의견을 허심탄회하게 이야기할 수 있는 시간을 주도록 하자. 강압적으로 회의를 강요하거나 일방적으로 하소연하기보다는 수평적인 관계에서 대화를 한다면 열 번 언성을 높이는 것보다 더 효과적이다. 서로에게 요구사항이 있을 때는 감정적으로 바로 말하지 말고 안건을 정리해두었다가 1주일에 한두 번 정도 회의 시간을 정해 정식으로 제기하고 합의하면 훨씬 더 강한 구속력을 발휘할 수 있다.

부모가 원하는 자녀로 자연스럽게 만들기 위해서는 '칭찬스티커'도 효과적이다. 먼저 자녀 이름으로 칭찬스티커 판을 만든다. 그런 다음 가족회의 때 약속한 것을 잘 지켰거나 부모가 생각하기에 마땅히 칭찬받을 일을 하면 칭찬스티커를 제공한다. 그러면 자연스럽게 어떤 일이 부모를 기쁘게 하고 칭찬받을 만한 일인지 생활 속 습관으로 가르칠 수 있다. 나중에 일정 개수 이상이 모이면 용돈을 올려주거나 자유 시간을 늘려주는 형태로 보상해주면 된다. 또한 공개적인 칭찬은 형제간에도 좋은 자극이 될 수 있고 선의의 경쟁도 가르칠 수 있다.

대화로 모범생을 키워라

무리하게 공부를 강요하지 않아도, 모범생이 되라고 목청 높이지 않아도 부모의 인내만으로도 충분히 모범생으로 키울 수 있다. 학교에서 돌아와서 쉬고 있는 자녀에게 공부하라고 강요하지 말고 자발적으로 공부하도록 도와주어야 한다.

계획을 세울 때에도 공부로만 가득 채우지 말고, 일단은 무엇을 하고 싶은지 물어가면서 자녀가 원하는 방식을 기준으로 시간 스케줄을 잡아야 한다. 그 과정에서 자녀들이 정말 배우고 싶고, 시간을 내서 열정을 쏟아보고 싶은 게 무엇인지도 찾을 수 있다. 그렇게 열정이란 걸 가르쳐주면 자기가 하고 싶고 반드시 해야 할 일을 자기주도적으로 처리하는 습관도 들게 된다.

중요한 것은 부모의 인내와 믿음이다. 철부지가 아닌 혼자서도 충분히 잘하는 자녀는 부모의 믿음 속에서 태어난다. 시간이 걸리겠지만 높은 언성으로 모범생이 되길 강요하지 말고 존중해준다면 대화로 충분히 모범생을 만들 수 있다.

가족 간 유대가 자녀의 경쟁력이다

“애들은 알 필요 없어. 넌 그냥 신경 쓰지 말고 공부만 하면 돼.”

사랑하는 자녀를 배려하기 위해 부모들이 자주하는 말들이다. 하지만 학생들은 이런 부모의 말을 무시로 느끼고 대화를 단절한다. 부모는 이렇게 아무런 이야기도 안 하면서 자녀에게는 학교에서는 무엇을 배웠고, 학원 선생님은 어떠냐는 등 일방적으로 묻기만 한다. 그럼 건강한 대화를 할 수 없다. 대화가 단절되어 의사소통이 막혀 있는 가정의 학생이 과연 공부를 잘할 수 있을까?

부모의 배려가 만들어주는 학습 동기

부모도 자녀에게 자기의 상황에 대해 충분하게 이야기를 해주어야 한다. '골치 아픈 일이니까 넌 신경 쓰지 말라' 하고 말하는 것은 배려가 아니다. 오히려 이런저런 상황에서 최선을 다하고 있으니 자녀도 최선을 다하길 바란다는 대화가 학습동기를 유발시킨다.

최근 뉴욕타임즈도 학업 성취도와 가정환경에 대한 상관관계를 보도했다. 좋은 가정환경에서 자란 학생들이 더 우수한 성적을 얻는다는 게 통계적으로 입증됐다는 내용이었다. 부모와 자녀 간의 좋은 유대가 곧 자녀의 경쟁력이 되는 시대다.

부모가 진정으로 관심을 가지고 격려하며 존중할 때 자녀는 최적의 컨디션을 발휘할 수 있다. 사람은 자신이 사랑받고 있음을 알 때 최고의 상태를 유지할 수 있다. 자녀에게 끊임없이 사랑과 관심을 표현하고 진정성을 가득 담은 소통과 배려를 해주어야 한다. 자신을 사랑해주는 부모가 가장 확실한 학습동기가 된다.

자녀를 자기주도적인 학생으로 키우려면 참견이 아닌 배려와 이해의 자세로 다가서야 한다. 일방적으로 물어보지만 말고 기본적인 정보를 바탕으로 대화를 이끌면서 부모의 정보도 반드시 전달해야 한다. 부모와 자녀 사이에 소통이 원활하게 이뤄져야 좋은 관계를 형성할 수 있다. 자녀가 침묵한다고 다그치며 속상해하기 전에 부모의 태도를 먼저 돌아보는 것이 성숙한 부모의 자세다.

평소 60점을 받던 자녀가 80점을 받았다고 좋아할 때 "80점 맞았다고 좋아하면 되겠니? 100점 맞을 생각을 해야지"라고 얘기한다면 자녀는 자신의 성취에 대해 부모와의 대화를 점점 거부하게 될 것이다. 반대로 자녀가 이룩한 작은 성과라도 찾아내고 격려해준다면 수없이 많은 성과를 발견할 수 있다.

부모는 상위 5퍼센트 교육을 하고 있나?

상위 5퍼센트의 학생들은 공통적으로 자신의 성공을 확신하며 늘 자신감에 넘쳐 있다. 스스로에 대한 믿음은 어렸을 때부터 부모가 키워준 만큼 높아진다. 부모로부터 많은 격려와 칭찬을 받은 학생이 자기에 대한 믿음과 자신감을 갖게 되고 상위 5퍼센트에 든다. 자녀의 자신감을 키워주고 싶다면 아무리 사소한 일이라도 자녀가 뭔가를 해냈을 때 칭찬과 격려를 아끼지 말아야 한다. 그리고 칭찬과 격려의 방향은 항상 할 수 있다는 믿음을 주는 것으로 귀결되어야 한다.

또 자녀에게 다양한 정보를 제공해주어야 한다. 공부하라는 백마디 말보다 공부하고 싶도록 만들어주는 체험의 기회를 주는 것이 백배 더 중요하다. 풍부한 대화를 통해 자녀에게 미래 자신의 모습을 그려볼 기회를 주고, 직업, 대학, 글로벌 세계에 대한 꿈을 키워준다면 자녀들은 스스로 자신의 미래를 선택할 것이다. 이런 학생은 이루고자 하는 꿈과 목표가 있기 때문에 힘들고 지루한 학습과정도 참고 견딜 수 있다.

진로에 대한 정보뿐 아니라 부모의 고민과 마음, 부모가 좋아하는 것이 어떤 것인지 또 효과적으로 공부하는 방법은 무엇일지 등등 다양한 방법으로 대화를 시도하고 해결점을 모색해보자. 슬럼프에 빠지거나 방황하기 쉬운 사춘기 자녀에게 여러 가지 상황을 극복할 수 있는 힘을 줄 수 있을 것이다. 자녀를 스스로 공부하고 자존과 헌신을 기반으로 생활하는 최상위 학생으로 키우고 싶은가? 그렇다면 부모 역시 상위 5퍼센트 교육을 하고 있는지 돌아보는 시간을 가져야 한다.

필자의 학원 수강생들은 수강 후 3개월 정도가 지나면 담임강사나 필자와 심층 면담을 한다. 3개월이란 시간은 수강 후 중간고사나, 기말고사, 모의고사 등 최소 한 번의 시험을 치른 시간이기 때문이다. 일단 3개월 정도 열심히 공부하면 시험 성적은 오른다. 영어를 60점 정도 받는 학생들은 보통 80점 정도가 된다. 그때 바뀐 성적을 대하는 부모들의 반응은 거의 두 가지로 갈린다. 절반의 학부모들은 영어 점수가 20점이나 오른 부분에 집중해서 칭찬을 하고 수학 점수도 올려보자고 이야기한다. 이런 학부모들은 잘한 부분을 집중해서 칭찬하고 못한 부분도 잘할 수 있도록 상향 평준화를 유도한다.

그런데 절반의 학부모들은 "영어 점수 20점 오르면 뭐하냐, 수학이 아직 제자리인데"라며 한숨을 쉰다. 이런 학부모들은 혹시 방심할까 봐, 더 잘하라는 뜻으로 이야기하는 거라고 한다. 부모의 마음은 똑같다. 그러나 자녀들이 받아들이기에는 전자가 훨씬 더 좋은 반응이다. 혹시 방심하고 더 잘하라는 격려가 이루어놓은 성과마저 깎아내리고 있지는 않은가? 미운 놈 떡 하나 더 준다는 속담은 그저 작자 미상의 고대사일 뿐이다.

열심히만 하는 하위권 부모들의 공통점

"초등학교 때는 곧잘 했는데, 중·고등학교 가면서 성적이 점점 떨어지더니 이제는 하위권이라는 소리까지 들어요."

많은 학부모들이 하는 상담의 주요 걱정거리 중 하나다. 초등학교 때 잘하던 아이가 학년이 올라갈수록 뒤처지는 이유는 부모의 지나친 간섭이 주는 영향이 가장 크다.

초등학교 때는 부모가 통제하며 공부를 시키면 웬만큼 상위권을 유지할 수 있다. 하지만 중·고등학교에서는 차원이 달라진다. 중학교에 올라가서 초등학교 때만 못하다는 생각에 더 조급해져서 자녀를 붙들고 공부를 시키려는 욕심이 앞서지만 부모의 간섭은 곧 한계에 다다른다. 그렇게 공부를 시켜 고등학교에 올라가면 결국 학생은 하위권으로 처지고 부모는 자녀의 하락한 성적에 우울감만 짙어지는 악순환만 반복된다. 공부를 하는 모습보다 공부를 안 하는 모습이 더 눈에 띄고, 공부하라는 말을 입에 달고 산다. 그러면 자녀는 자녀대로 온종일 따라다니는 잔소리 때문에 스트레스를 받게 된다.

부모 코치, 학생 플레이

부모는 결국 자녀의 코치밖에 될 수 없다. 직접 플레이를 하는 것은 자녀다. 부모가 할 수 있는 역할은 자녀가 스스로 공부할 수 있는 분위기를 만들어주고 동기부여를 해주기 위해 간섭을 버리고 전략을 짜야 한다. 그리고 하루라도 빨리 자기주도학습이 이루어질 수 있도록 학습 지원 패턴을 바꾸어야 한다. 혼자서 그 습관이 바뀌지 않는다면 학원 강사나 자기주도학습 관련 기관의 도움을 받을 수도 있지만, 부모는 아니다.

초등학교 고학년, 최소 중학생이 되면 학습의 주도권은 학부모에서 학생에게로 넘어가야 한다. 학생은 점점 자아를 찾아가며 예민해지고, 부모는 '그동안 투자한 게 얼만데', '그동안 공들인 게 얼만데' 하는 생각에 갈등은 커지고 서로에게 스트레스만 쌓인다.

정말 함께 공부하기를 원한다면 자녀가 도서관에 갈 때 함께 가보
자. 공부하라는 말만 하고 감시하는 부모가 아니라, 함께 뛰고 있
는 부모의 모습이 상위 5퍼센트 학생을 만드는 부모다운 모습이다.

나는 어떤 부모인가? 

부모님들이 자신의 행동에 비추어 O, X를 표시해보자.

❶ 좋은 학원을 보내는 것으로 부모의 역할은 충분하다고 생각힌디.　□
❷ 누군가 어느 학원 가서 성적 올랐다고 자랑하면 솔깃해서 옮긴다.　□
❸ 독립심을 키워주기 위해 가급적 혼자 두어야 한다고 생각한다.　□
❹ 입에 쓴 약이 몸에 좋다고 생각해 충고를 자주 한다.　□
❺ 칭찬을 남발하면 칭찬의 힘을 발휘하지 못한다고 생각한다.　□
❻ 학원이나 교육기관의 설명회에 자주 참석하는 편이다.　□
❼ 과외 선생님이나, 학원 선생님과 자주 상담을 하는 편이다.　□
❽ 사회현상이나 사건을 대화의 소재로 삼는다.　□
❾ 학원의 장단점, 담당 선생님의 특성에 대해 파악하고 있다.　□
❿ 선생님 흉을 보거나, 학교와 학원 등의 불만을 표출하지 않는다.　□

※ 1~5까지는 X가, 6~10까지는 O가 나오는 게 상위 5퍼센트 부모님들의 보
　편적인 마인드이다.

성취감을 먼저 가르쳐라

 **어린 시절에는** 부모에게 잘 보이기 위해서, 부모가 기뻐하니까 공부를 열심히 한다. 그게 학습의 가장 큰 원동력이다. 하지만 자아가 형성되고 자립심이 점점 더 강해지는 시기가 되면 성취감이라는 맛을 아는 것이 원동력이다.

스트레스의 망각제, 성취감

사람은 누구나 소소한 일상 속에서도 끊임없이 스트레스를 받고 있다. 배우자의 사망시 받는 스트레스를 100이라고 보고 이혼, 부상이나 질병, 해고 등 생활 속에서 겪는 크고 작은 사건들이 주는 스트레스에 대해 홈즈와 라헤라라는 두 심리학자가 점수화한 '스트레스 지수'란 것이 있다. 이들에 따르면, 사람은 취미활동이 바뀌어도 19, 수면 습관이 변해도 15의 스트레스를 받고, 가벼운 법률을 위반하고 있는 순간에도 11의 스트레스를 받는다고 한다.

이를 보면서 알 수 있는 사실은 스트레스를 발생시키는 주범들 중에 흔히 '성취'라고 말하는 사건들도 포함되어 있다는 점이다. 예를 들어 결혼은 해고(47)보다도 더 높은 50의 스트레스를 유발하고, 임신은 40, 새로운 가족 구성원의 증가는 39, 전직은 36, 졸업은 26, 심지어 스트레스를 해소하는 수단인 휴가와 크리스마스도 각각 13과 12의 스트레스를 받는다고 한다. 목표한 바를 이루는 개인적인 성취가 우수해도 28의 스트레스를 유발한다니 우리네 삶은 끊임없는 스트레스의 연속인 것 같다. 하지만 현실이 그렇게 괴로운가?

그 조사의 문제는 어떤 일로 발생한 스트레스 지수만 연구를 했을 뿐, 스트레스를 발생시키는 사건들 속에 '스트레스 망각제'를 내포하고 있다는 점은 주목하지 않았다. 스트레스를 한방에 날리는 힘은 바로 '성취감'이다.

결혼을 하면 50의 스트레스를 받게 되는데, 반대로 사랑의 결실을 맺었다는 성취감 50이 발생해 스트레스를 상쇄해주고, 이사를 하면서 생긴 스트레스 20은 깨끗한 집을 마련했다는 사실이 주는 성취감 20 덕분에 사라지는 것이다. 인라인 스케이트를 처음 타면 넘어지고 상처가 나서 스트레스를 받겠지만 얼마 뒤 쌩쌩 달릴 수 있게 될 자신을 생각하면서 스트레스를 말끔히 날려버릴 수도 있는 것이다. 스트레스 지수를 보면 사건의 경중과 스트레스의 크기가 딱 비례하지는 않는다. 마찬가지로 성취와 성취감은 또 다른 이야기일 수 있다.

성취감 없이 스트레스를 이길 수 없다

사전적 정의에 따르면 성취는 목적한 바를 이룬 것이고, 성취감은 목적한 바를 이루었을 때의 만족감이라고 나와 있다. 큰 성취만 큰 만족을 주는가? 꼭 그렇지만은 않다.

필자는 10년 전 10명의 학생으로 학원을 처음 세우고, 가장 큰 소망이 학생 수 100명이 넘는 학원을 운영하는 것이었다. 아직도 학생 수 100명이 넘는 순간의 벅찬 성취감을 잊지 못하고 있다. 그 이후 좋은 건물로 이주를 하고 학생 수가 3천 명이 넘고 7~8개까지 관을 늘리면서도 그 당시의 성취감만 한 기쁨은 느끼지 못했다. 과연 그 감정을 다시 느낄 수 있을까 하는 의구심이 들지만, 그 성취감을 다시 한 번 느낄 수 있다면 어떤 도전도 멋지게 해낼 것 같은 도전 의식과 자신감만은 충만하다. 그것이 성취가 주는 힘이다. 좋은 부모는 자녀에게 성취감을 가르쳐야 한다. 10살 된 어린아이도 분명히 인생의 성취감을 맛본 순간이 있을 것이다.

그 큰 성취감을 100점으로 했을 때 작은 성취감 10개는 몇 점을 줄 수 있을지 한번 생각해보자. 특별한 경우가 아니라면 성취도가 높은 건 그만큼 높은 난이도와 스트레스를 동반한다. 상위 5퍼센트에 들고 이를 유지하는 건 쉽지 않은 과제다. 어려운 난이도이고 때론 인간의 기본적인 욕구도 자제하고 학습을 해야 할 만큼 큰 스트레스를 주는 과제다. 하지만 그 이상으로 성취감을 느끼게 해준다. 이처럼 우리는 성취감 없이 스트레스를 이길 수 없다.

자녀에게 성취감을 가르치려면 부모가 먼저 성취감의 기쁨을 누려야 한다. 지속적으로 크고 작은 성취를 이루고 있는 어른들의 경우, 스트레스는 상당히 크게 생각하면서 성취감은 절제하려는 경향이 있다. 먼저 부모가 작은 일 하나하나에 의미를 부여하고 성취감의 기쁨을 느껴본 다음, 자녀에게 그 기쁨을 느끼게 하자. 비단 그것이 성적 상승으로 이어지지 않더라도 작은 성취를 이루었을 때 함께 기뻐하는 성취감을 가르쳐주자. 성취감은 상위 5퍼센트 성적을 지속적으로 유지하는 가장 큰 힘이다.

하루하루를 쌓아서 성취감과 바꿔라

어린 자녀들이 성취감을 가장 크게 느끼는 순간은 언제일까? 학원(수영, 태권도, 발레, 피아노 등)에서 단계가 상승할 때, 세뱃돈이나 용돈을 모아서 목표 금액을 넘었을 때, 독서를 많이 해서 독서 노트가 가득 채워졌을 때, 영어능력시험 점수가 올랐을 때, 키가 크고 몸무게가 늘었을 때 등일 것이다. 아이들의 성취감은 난이도, 투자된 시간의 노력과 상당히 비례한다.

부모들이 자녀에게 성취감을 잘 가르치기 위해서는 본인들부터 성취감을 배워야 한다. 성취감은 모르는 게 아니고 다만 느끼지 않는 것뿐이다. 지금이라도 지나간 시간들을 돌아보며 어떤 노력을 통해 얻은 성취가 가장 기뻤는지 한번 생각해보자. 아이들의 하루하루를 쌓아서 성취감으로 바꿔주고, 성취감을 가르칠 수 있는 최고의 코치는 바로 부모다.

자녀를 특목고에 보내고 싶을 때

외고와 자율고는 여전히 뜨거운 이슈다. 학부모들이 질문하고 가장 많은 학생들이 고민하는 부분은 과연 무엇일까?

> **Q1** 외고나 자율고에 가는 것이 대학 입시에 유리한가요?

A 초중등 학부모의 가장 큰 관심사와 의문은 외고, 자율고로의 진학이 대학 입시에 얼마나 유리한가 하는 점이다. 물론 가타부타 할 수 있는 문제는 아니지만, 갈 수 있으면 가고, 갈 가능성이 있다면 준비를 하라고 권유하고 싶다. 왜냐하면 역시 대입에 도움이 된다는 판단 때문이다.

A 필자는 일반고나 외고에서 수업을 해본 경험이 없지만 모 강사의 예를 소개해줄 수는 있다. 학원에서도 알아주는 명강사로 일반고와 외고의 특강 강사로 초빙된 강사였다.

일반고에 가서는 최고의 강사라는 평가를 받았던 그가 외고에서는 "학생들을 앞에 두고 수업을 하는 느낌이 아니라 자기보다 뛰어난 전문가들을 앞에 두고 강의 평가를 받는 기분이었다"며, 외고에서는 다시 강의하기 힘들 것 같다는 반응을 보였다. 웬만한 실력으로는 강의를 이끌 수 없는 분위기라며 그런 학생들의 지적 욕구를 채워줄 수 있는 강사들은 최고일 수밖에 없고 또 그만큼 준비를 할 수밖에 없단다. 강사들의 역량에 있어서 분명 차이가 날 수밖에 없다는 이야기다.

특목고는 수준차란 게 없어 만족의 폭도 넓다. 대입을 위한 실력 쌓기에 분명 유리한 수업 구조라는 판단이다.

A 외고 입시를 위한 내신은 중학교 2, 3학년 총 네 학기를 본다. 네 번 다 1등급을 맡는 학생들이 가장 유리한 점수를 받는다. 수도권 영어 내신 1등급은 11,300명 정도이고, 외고나 자율고에서 뽑는 신입생은 5,140명 정도다. 외고, 자율고에 내신 1등급이라도 합격을 보장받지 못하는 구조다. 예년 같은 인기가 아니어서 1등급 학생이 절반 이상 지원하지 않았다고 해도, 내신 2등급 학생 중 가장 우수한 학생만 합격할 수 있다.

4퍼센트 안에 든다는 것은 결코 만만한 일이 아니다. 요즘처럼 뛰어난 영어 실력을 보유한 학생들이 많은 때에 영어 내신 1등급은 매우 우수한 학생이다. 영어 잘하는 학생이 수학도 잘하고 국어, 과학, 사회도 잘한다. 학업 능력이란 전 과목에서 두루 나타나는 것이다.

A 우선 새롭게 바뀐 교육감의 교육 정책을 면밀히 살펴볼 필요가 있다. 일제고사, 0교시, 자율학습, 두발, 복장, 휴대폰 사용, 심지어 학내 집회의 자유까지 보장되어 있다. 초등학생도 통제가 어려운데 집회 결사의 자유까지 있는 고등학생 집단을 쉽게 통제하긴 어렵다. 그럼 학습이라는 한 방향으로, 대입이라는 목표에 매진할 분위기가 흐려질 우려가 있다. 물론 인성적으로는 훌륭한 학생을 육성하는 전인 교육이 될 수 있다. 선진국형 학교 문화에 따라 이제는 통제 중심의 교육이 바뀌어야 한다는 주장에 대해서는 필자도 충분히 동의한다.

이러한 분위기 전환이 더 많은 경험을 하게 할 수도 있지만 대학에 가고자 하는 모든 학생이 근거리 대학을 배정받아 대학에 가는 완전무시험 희망 진학제가 도입되지 않는 한 대학 입시의 경쟁은 여전히 존재할 것이며, 우수한 학생을 뽑기 위한 학교들의 노력도 변함이 없다. 일반고와 특목고의 면학 분위기는 더욱 극명한 차이를 보일 것이다. 그 수준의 차이를 누구보다 민감하게 받아들이는 게 대학이다. 어쩌면 아주 우수하지 않아도 특목고의 타이틀을 갖고 대입을 준비할 수 있는 좋은 기회가 지금이다.

A 특목고 입학 후에는 득(得)과 실(失)이 반드시 존재한다. 적성에 안 맞는 학생들이 무조건 좋다고 갔다가 적응하지 못하고 일반학교로 옮기는 경우도 있다. 하지만 준비하는 데 실은 없다. 다 득이다. 특히 자기주도학습을 준비하고 자기소개서를 생각해보면서 자기의 꿈과 미래에 대해 생각해보는 과정이야말로 교육적으로 학생의 미래를 위해서 매우 중요한 시간이다. 그리고 그 과정에서 겪게 되는 심화 학습은 고등학교 과정을 수월하게 해준다.

입학사정관제는 대입에서 피할 수 없는 관문이다. 미리 연습을 해본 경험보다 소중한 투자는 없다. 합격의 가능성이 없는데도 준비하는 경우만 아니라면, 영어 내신 3, 4등급 학생들도 도전해볼 만한 가치 있는 일이다.

A 일단 내신을 잡아야 한다. 영어 1등급의 실력을 절대 무시해서는 안 된다. 진보 교육감이나 보수 교육감, 보수적 대통령이나 진보적 교육부 장관이 한목소리로 외치는 게 있다. 이들은 모두 학교 교육 정상화, 그리고 내신 강화를 강조한다. 방법과 철학은 달라도 내신 강화를 통한 학교 교육 정상화라는 목적은 누구나 똑같다. 앞으로도 변함없을 테니 끝까지 포기하지 말아야 한다.

학교 시험을 무시하는 학부모들도 있으나 학교 시험에서 점수가 잘 안 나오는 학생이 다른 시험을 잘 본들 무슨 큰 의미가 있겠는가. 자기만족일 뿐이다. 결국 모든 실력의 잣대는 학교 시험에서 갈리게 돼 있다. 그 부분은 진보나 보수나 다 마찬가지다. 대세는 내신을 잘 받아야 한다. 상급학교 진학 전략에 내신 성적 관리보다 더 중요한 것은 없다.

A 일단 입학사정관제를 소개하는 언론에 현혹되지 말자. 입학사정관제가 확대되고 한 가지만 잘해도 좋은 대학을 가는 학생들이 언론에 나오면서 상당히 혼란스러워하는 학부모들이 많다.

필자가 아는 한 학생이 명문대 생물학과에 입학사정관 전형으로 합격을 했다. 그 학생은 방 안을 온통 식물과 곤충으로 도배하고 매주 사진을 찍어 관찰일기를 작성해 블로그에 올리며 천부적인 생물학적 관찰력을 어필했다. 또 생물학과 교수님들과 권위자들에게 질문도 하고 나름의 의견도 제시하면서 상당히 독특한 비교과 활동을 펼쳤다. 그 정도의 정성과 관심이 있다면 내신 성적이 조금 부족해도 극복할 수 있다.

그러나 이러한 학생은 극소수다. 아침부터 저녁까지 학교에 있는 학생들이 무슨 그런 대단한 성과를 쌓을 수 있겠는가. 시험 준비, 과제 해결이 주된 일과인 평범한 대한민국 학생이 입학사정관에게 제대로 어필할 수 있는 부분은 내신 성적을 포함한 학업능력이다. 대단히 독특하고 뛰어난 경험을 가진 학생들이 몰려서 경쟁을 한다면 모를까 극소수 학습 이외에 사정관에게 뚜렷하게 보여줄 수 있는 것이 무엇이 있겠는가.

그러나 입시는 다르다. 철저하게 내신 중심으로 1차를 거른다.

면접보다 내신이 중요하다는 반증이다. 현재 특목고에서 영어 성적으로 1.5배수만 뽑는 것이 바로 그런 이유라고 보면 된다. 만일 면접에 큰 비중을 둔다면 2배수, 또는 3배수까지 뽑아서 선발을 한다. 그러나 전 외고가 1.5배수만 뽑아서 1차 결과와 합산해서 2차 면접을 진행한다. 그것은 다시 말해 학업능력이 관건이고 그중에 학습계획서 등을 통해 학생을 선발하겠다는 뜻이다.

A 보통의 학생들에게 입학사정관제란 결국은 면접 강화라고 보면 된다. 형식적인 면접이 아닌 입시에 반영되는 명확한 명분을 주는 면접 제도가 입학사정관제도다. 면접을 잘 볼 수 있는 방법과 준비 마인드는 앞서 많이 설명했으므로 잘 읽고 반영하기 바란다.

입시 전문가가 뽑아준 족집게 학습법

부록

언어영역

출제자는 무엇을 묻고 있을까?

　언어영역의 시험을 치르는 기본적인 목적에 대해 생각해본 적이 있는가. 먼저 출제자가 언어영역을 잘하는 학생을 어떻게 변별하고 싶어하는지 그 핵심을 파악해야 한다.

　출제자들은 기본적인 문맥은 잘 파악하지 못해도 특이한 문학작품을 많이 아는 과학자, 한국 문학의 정서를 잘 이해하지 못해도 흔히 사용되지 않는 어법을 알고 우리말 지식이 풍부한 변호사, 논문이나 사설 등의 내용은 잘 파악하지 못해도 고전시가를 상당히 외우고 있는 의료인을 변별하고자 하는 것이 아니다. 국문학에 대한 지식이 풍부한 과학자, 변호사, 의사보다는 한국어를 구사하는 데 있어 큰 문제가 없고 문학작품을 읽고 정서적 체험이 가능한 국어 사용자를 더욱 중시한다.

　언어영역은 우리나라를 이끌어갈 인재가 우리말의 소통적, 감성적 사용을 잘할 수 있는지를 확인하는 시험이다. 급변하는 정보사회 속에서 글을 얼마나 정확하게 이해하고 그 능력을 최고의 수학 능력으로 생각하는 게 언어영역이다. 그리고 그런 능력을 갖고 있는 사람에게 좋은 점수를 주려고 하는 게 기본이다.

언어영역은 가능한 저학년일 때 상위 5퍼센트로 진입해야 한다. 한 번 상위로 진입하면 특별하게 소홀히 하지 않는 한 쉽게 떨어지지 않는 영역이기도 하다. 외국어나 수학처럼 딱 들어맞는 답이 아니라 우리말이 갖고 있는 고유의 감(感)에 따라 정답을 찾는 영역이기 때문에 언어영역은 감을 잡는 게 매우 중요하며, 한 학년이라도 저학년일 때 찾는 것이 좋다.

내가 쓴 글이라고 생각하라

상위 5퍼센트의 학생들이 공통적으로 언어영역 중 가장 어렵다고 토로하는 부분이 바로 출제자의 의도를 파악하는 부분이다. 열 길 물속은 알아도 한 길 사람 속은 모른다고 했다. 가뜩이나 감수성 풍부한 어휘로 깊이 있는 글을 쓴 작가의 속마음을 출제자와 같은 시각으로 판단하는 건 쉬운 일이 아니다. 그런데 상위 5퍼센트의 학생들은 '내가 쓴 시', '내가 쓴 수필', '내가 쓴 소설'이라는 생각으로 지문을 읽고 문제를 해결한다.

장르별 문학 공부법에 대해 구체적으로 알아보자.

첫째, 시는 우선 제목, 작가, 주제, 마지막으로 가장 중요한 시의 분위기를 명확하게 알고 세부적인 학습을 해야 한다. 시의 전반적인 분위기와 흐름만 정확하게 파악해도 추론해서 풀 수 있는 문제들이 많기 때문이다. 세부 내용은 문제집마다 중복해서 나오기 때문에 정리를 하는 게 필요하다. 정리를 할 때 시인별 혹은 시대별로 정리를 하면 시인 특유의 느낌과 그 시의 정확한 분위기, 나올 수 있는 문제까지 추론할 수 있다.

둘째, 소설은 제목과 작가를 보고 어떤 분위기인지 예측해보고 또 글을 읽으면서 주제를 찾아 대략적인 줄거리의 흐름을 이해한다. 소설은 시처럼 정해져 있는 범위가 짧지 않기 때문에 어느 부분의 지문을 통해서 문제가 나올지 예측하는 게 쉽지 않다. 하지만 결국 소설은 스토리 전개의 큰 변화가 일어나는 시점이 시험에 나올 확률이 높다. 인과관계에 따라 공부해야 역사의 흐름을 놓치지 않는 상위 5퍼센트가 되는 것처럼, 소설 역시 변화의 흐름을 정확히 파악해서 그 부분을 찾아내는 훈련을 하는 것이 핵심이다.

셋째, 고전영역은 암기과목이라고 보는 것이 좋다. 고전은 소설이나 시처럼 작품 수가 많지 않기 때문에 모의고사나 수능 기출문제 작품들부터 주제와 형식 등을 세세하게 파악하면 별 어려움 없이 점수 따는 파트로 자신감을 가질 수 있다.

언젠가 서정주 시인이 자신의 시작(時作) 인생을 정리하는 인터뷰에서 이런 말을 한 적이 있다.

"나는 그저 하늘이 푸르러서 받은 감동을 시로 옮겼을 뿐인데 정말 많은 평론가들이 그 시에 대해 좋은 해석을 많이 해주었습니다. '푸르름'을 임에 대한 그리움으로, 또 시인이 말하는 임은 어떤 대상이라는 식으로 다양하게 해석을 해주어서 제 시가 더 멋진 시로 기억되는 것 같습니다."

이렇듯 언어영역 시험에 출제되는 작품은 평론가들이 후대에 의미를 부여한 경우가 대부분이다. 그리고 그런 의미 부여 문제는 결국 반복되는 경우가 많다. 함축적 의미와 시대상 표현기법에 대한 문제의 경우에는 자신의 주관적인 생각을 잊고 새로운 것이 나올 때마다 첨가하는 방식으로 암기하는 것이 효율적이다. 그래서 상위 5퍼센트의 학생들은 언어영역을 암기과목으로 접근한다. 그들은 어떤 과목보다 언어영역에 대한 오답노트가 필요하다고 입을 모아 말하기도 한다.

열등의식을 버려야 상위권 간다

아무리 좋은 공부법이 있다고 해도 자신의 힘으로 하지 않으면 절대 공부를 잘할 수 없다. 특히 수학이란 과목이 그렇다. 수학 성적 상위 5퍼센트를 유지하기 위해서는 수업 시간에 열심히 듣고, 들은 내용을 복습하고, 공부한 공식을 응용해 문제를 푸는 수준의 학습으로는 어렵다.

학교 시험이 다가오면 벼락치기로 수학 공부를 하고 있는가? 그럼 상위 5퍼센트의 수학 실력을 유지하는 것 역시 어렵다. 상위 5퍼센트를 위한 수학 공부는 습관이 상당히 중요하다. 공식을 외우고 대충 문제나 많이 푸는 수준에서 벗어나 왜 이렇게 계산할까, 이 정리의 뜻은 무엇일까, 출제자의 의도는 무엇일까 등을 몇 번씩 곱씹으면서 생각하는 습관을 들여야 한다.

수학의 중요한 공식을 자신만의 방식으로 남에게 설명해보는 연습을 해보자. 가능하면 수학 개념을 그림으로 그려보는 노력도 필요하다. 대부분의 수학 공식은 그에 대응하는 그림으로 그려보면 쉽게 이해할 수 있다. 개념에 대해 설명한 그림은 교과서에 잘 표현되어 있다.

교과서 문제를 시시하다고 생각하는 많은 학생들이 의외로 교과서에 있는 공식과 그림에 대해 이해하지 못하는 경우가 많다. 그런 학생들은 교과서를 보면 다 아는 내용이고 예제나 유제를 풀어보면 다 맞는데 왜 모의고사나 시험은 그렇게 안 나오는지 속상하다고 하소연을 한다.

상위 5퍼센트에 들지 못하는 학생들은 수학 문제를 틀리는 것에 상당히 두려움을 느끼고, 틀린 문제에 대해서도 자신이 틀렸다는 사실만 억울해한다. 자신의 판단이 어디에서 틀렸는지 이해하려 들지 않고 이미 아는 문제였고 푸는 과정에서 실수한 것으로 단정하는 경향이 있다는 게 문제다. 상위 5퍼센트에 진입하고 유지하기 위해서는 어디서 실수를 했는지 분명히 짚고, 다시는 그런 실수를 하지 않도록 해야 한다.

삼진아웃은 성공을 위한 지름길

상위 20퍼센트 내에 들지 못하는 학생들은 수학을 못한다는 열등의식이 문제다. 수학 공부를 열심히 했는데 점수가 안 나오면 스스로 머리가 나쁜 것 같다고 자포자기한다. 수학을 원래 싫어해서 안 하는 척하는 것은 상위권 진입 자체를 가로막는 심리적 행동 장벽이다. 혼자서 삭히고 있는 수학에 대한 두려움과 열등의식을 이겨내야 상위 5퍼센트에 진입할 수 있다.

상위 5퍼센트를 위해서는 조금 더 분석적인 자세가 필요하다. 자기가 어떤 문제를 잘 틀리고 어떤 개념에 약한지, 학교나 학원 선생님을 이용하든 상위 5퍼센트 이내 친구의 도움을 받든 자신의 수학 실력에 대한 차분한 분석 작업이 필요하다. 그 이후에 무엇을, 어떻게 공부해야 할지 구체적인 학습 계획이 나온다. 모두 이렇게 공부하면 상위 5퍼센트에 들 수 있다고 말하고 싶지만 공부에 왕도는 없다. 100시간을 공부해도 성적이 안 오를 수 있다는 각오로 임해야 한다. 그 고통을 이겨낸 학생들이 상위 5퍼센트의 자리를 차지하고 있다. 수학이 어렵고 힘들다면 어렵다고 인정하고 받아들이자. '나'만 어려운 게 아니고 모두가 똑같은 과정을 겪고 있으니, 유행 학습법에 휩쓸리지 말고 자신에게 맞는 공부법을 찾아서 꾸준히 하자. 이것이 상위 5퍼센트 진입을 위한 수학의 정석이다.

상위 5퍼센트가 되기 위한 수학 코치

❶ 수학을 "잘한다"가 아니라 "좋아한다"로 마인드 컨트롤해라.

좋아해야 잘할 수 있다. 수학을 안 좋아하지만 중요 과목이니까 열심히 하는 것은 결코 상위 5퍼센트의 마인드가 아니다. 좋아하도록 노력해야 한다. 무턱대고 문제를 많이 푸는 걸 최선으로 믿지 말고 논리적으로 접근하고, 생각하는 재미를 스스로 찾는 것이 필요하다.

❷ 선행은 조금만 앞서가자.

무조건 선행 학습을 맹신하는 학생과 학부모들이 많다. 선행 학습은 영화의 예고편을 보는 것과 같다. 예고편은 영화의 내용을 개괄적으로 소개하면서 흥미를 유발하는 선에서 그친다. 본 영화를 보기도 전에 예고편만 과도하게 보면 정작 본 영화의 내용 파악을 소홀하게 된다.

❸ 자기 스타일에 수학을 맞춰라.

안 풀리면 답을 보는 방법과, 온종일 붙잡더라도 스스로 푸는 방법 중 어떤 것이 좋을까? 정답은 없다. 실력이 오르는 방법은 자기에게 맞는 방법이다. 흥미를 잃지 않고 성취감을 느낄 수 있는 자기에게 맞는 수학 학습법을 찾아서 공부하면 된다.

생각 없이 외우지 말고 재미에 빠져라

사회탐구영역은 우리의 생활과 가장 밀접하다. 영어를 못하면 못 사는 시대라고 하지만 실질적으로 우리의 삶과 가장 밀접한 과목은 사회탐구다. 사회 과목이 어렵다, 재미없다고 하는 학생들이 꽤 있는데, 그들은 대개 철저하게 외우지 않고는 고득점이 나오지 않는다고 지레 짐작한다. 사회 교과를 암기 대상으로만 생각하고 문제 자체를 헷갈려하기 때문이다. 사회 교과는 개념과 원리가 갖는 의미와 맥락을 이해하는 노력이 조금만 가미되면 아주 재미있는 과목이다.

사회탐구 상위 5퍼센트 학생들의 첫 번째 특징은 사회탐구 교과의 핵심적인 개념에 집중한다는 점이다. 교과의 핵심적인 개념과 종합적인 사고 능력에 대한 평가가 수능의 두 축을 이루고 있기 때문이다. 교과별, 단원별로 담고자 하는 주요 개념을 명확하게 이해하고 이에 대한 문제 적용 능력을 향상시키는 학습이 상위 5퍼센트의 핵심 중 핵심이다. 이를 위해서는 핵심 지식에 대한 평이한 문제를 꾸준히 풀어 개념과 원리를 이해하고 응용문제를 통해 실전 적응력을 키워야 한다.

특히 교과의 핵심적인 개념과 원리를 사례와 관련지어 이해할 필요가 있다.

사회 교과서에 소개된 '실질적 정의'는 '이해 당사자 간의 이익을 공정하게 조정하는 것'이라고 풀이되어 있는데 이를 외우려면 공부하는 게 지루하고 답답할 수밖에 없다.

실질적 정의는 말 그대로 법적인 내용을 떠나 실질적으로 정의로운가를 묻는 것이다. 모든 것이 다 법대로만 된다면 굳이 판사의 조정이 필요 없겠지만, 정상참작, 인권, 생존권 등을 고려해서 정의롭게 원칙을 적용하자는 것이 바로 실질적 정의다. 상당히 흥미로운 개념이고 수없이 많은 판단들이 실질적 정의에 의해 이루어지고 있다.

이와 같이 막연히 어려운 용어로만 접근하지 말고 삶에 적용하면 흥미로운 공부가 될 수 있다.

지도와 사진 도표를 확실히 파악하라

이해한다는 것은 생각했다는 것이다. 이해하지 못한 개념을 '생각'도 없이 무조건 외우려고 끙끙거리는 것은 사회 교과와 점점 더 멀어지는 지름길이 된다. 어떤 개념이든, 현상이든, 지도든, 도표든 '생각'하면서 봐야 한다. 그러면 자연히 개념과 원리가 머릿속으로 들어오고 자기도 모르게 암기가 된다. 이런 식으로 이해가 되는 사례를 찾아 결코 잊어버리지 않는 개념으로 하나하나 바꾸어 나가는 게 사회 과목 상위 5퍼센트의 핵심이다.

지도와 사진 및 도표는 그것이 갖는 의미를 확실히 알아야 한다. 수능에서는 지도와 사진, 도표 등의 자료를 제시하고 이를 분석하는 문제가 많이 출제되고 있다. 동해안 어느 지역의 지형을 사진으로 제시하고 그 지형의 특성을 묻는다든지, 고대 국가들의 정복 활동이 활발했던 시기를 지도로 보여주고 당시의 역사적 상황을 묻기도 한다. 또한 출산율 변화를 그림으로 나타내고 이러한 변화의 요인이 무엇인가를 묻는 등의 문제 유형이 더욱 많아지고 있다.

상위 5퍼센트의 사회탐구 실력을 갖기 위해서는 지도와 사진, 도표의 의미를 확실히 파악하는 것은 필수다. 지도와 사진 도표의 의미를 한 번 파악하면 어떤 응용문제에도 충분히 대처가 가능하고 빠르게 문제를 풀 수 있다. 의미를 알면 가장 쉬운 문제가 지도와 사진, 도표 문제이다. 반대로 모르면 어느 것 하나 실마리를 찾지 못한다. 종종 나올 수 있는 문제만 집중해서 한 번 더 정리하고, 시중에 나와 있는 관련 자료를 활용하는 것도 시간 절약을 위해 권할 만하다.

교과서만 파지 마라

비단 교과서 문제만이 아닌 시사적인 문제의 출제 비중이 점차 높아지고 있다. '각국 민족주의의 도래'와 '세계화를 반대하는 시위의 성격' 등이 시사 문제로 출제되는 사례다. 또 사회적 쟁점이 되었던 내용을 문제화하기도 한다. 유전자 복제와 표현의 자유를 둘러싼 논쟁, 신문 만평을 통한 시사적인 감각 이해 등 사회탐구 문제의 성격이 다변화되고 있다. 말 그대로 우리 삶과 관련된 모든 사건이 문제화되고 있는 것이 사회탐구영역이다. 사회탐구 상위 5퍼센트의 학생들은 결코 교과서에만 파묻혀 있지 않는다. 새로운 형식의 문제를 풀 수 있는 능력을 키우기 위해 신문 1면을 지속 장식하고 전 세계인들이 관심을 가질 만한 뉴스를 파악하려고 노력하는 학생들이 상위 5퍼센트다. 이러한 시사 감각의 예민함은 향후 어떤 형식으로든 큰 도움이 될 것이다.

역사를 오늘날의 관점에서 해석하라

상위 5퍼센트 학생들은 역사를 소설로 대한다. 그만큼 흥미를 갖고 접근한다는 뜻이다. 한 단락만 암기하지 않고, 시간이 날 때마다 역사 교과서 전체를 읽으려고 노력한다. 가장 큰 덩어리를 이해하고 세세한 부분을 꿰어 맞추는 형식의 공부 습관이 있다. 각 대단원마다 소개되는 '단원 개관'이나 중단원마다 소개되는 '개요'를 읽어보고 각 단원의 핵심적인 흐름을 파악하면서 큰 덩어리를 이해하는 공부법이 상위 5퍼센트의 공통점이다. 또한 그들은 과거의 사건과 기관을 현재에 대입하면서 학습을 한다.

통일신라시대의 집사부는 정책을 집행하는 기관이었다. 오늘날의 어떠한 정부기관이 이와 유사한 기능을 수행할까? 물론 행정부이다. 조선시대 말 흥선대원군은 경복궁 중건을 위해 당백전을 대량으로 발행하였다. 이로 말미암아 나타난 경제 문제는 무엇일까? 물가 상승이다. 고구려에서는 빈민 구제를 위한 진대법이 있었다. 오늘날의 사회 보험과 공공 부조 중 어떠한 제도와 성격이 유사할까? 공공 부조이다.

이처럼 교과서와 사료 등에서 만나는 과거의 사실을 단순히 아는 차원을 넘어, 오늘날의 관점에서 해석하고 여기서 역사적 교훈을 얻어야 한다. 역사는 '과거와 현재의 대화'이며 역사는 현재의 거울이자 더 나은 시대를 생각하고 만들어가기 위한 교과서이다. 이 점을 이해하면 왜 과거의 역사를 현재와 대비하면서 세상을 바라보는 눈을 키워야 하는지 이해할 수 있다.

우리 삶과 자연환경을 연결하라

우리나라의 정유·석유 화학 공장이 대부분 항구도시에 집중된 이유는 무엇일까? 원유를 전량 수입에 의존하는 우리나라 입장에서는 운송비를 절약하는 것이 무척 중요하기 때문이다. 인간이 창조한 문화는 자연환경의 산물이라는 말이 있듯이, 인간 생활은 자연환경과 밀접한 관련을 맺고 있다.

상위 5퍼센트 학생들은 질문을 통해 우리들이 살아가는 모습을 자연환경과 관련지어 이해하고 있다. 덩치가 큰 전자제품은 왜 광주에서 만드는지, 왜 북부 지역에는 다른 지역에서는 찾아볼 수 없는 가옥의 형태가 등장하는지 등. 결국 합리적인 인간 경험에 의한 선택은 모두 우리들의 삶과 밀접한 관계 속에서 이루어진 당연한 결과다.

우리 삶의 기본을 알면 암기하지 않고도 문제를 풀 수 있다. 생각하면서 공부하고, 생각하면서 살아가는 습관, 사회탐구 상위 5퍼센트를 유지하는 길이다.

사회탐구는 수능에서도 매우 중요한 영역이지만 입학사정관제에서 면접을 잘 볼 수 있도록 도움을 주는 유익한 과목이다. 신문이나 교과서를 통해 시사상식과 사회적 이슈를 접할 때는 시험에 나올 수 있다는 생각으로 접근하고 항상 깊이 관찰하고 다르게 생각해보는 습관을 가져보자. 사회탐구영역을 공부할 때는 시험뿐 아니라, 입학사정관제 면접을 준비한다는 생각으로 대하자.

개념 정리는 상위권을 향한 베이스캠프

과학탐구영역을 공부할 때 어디서부터 시작해야 할지 혼란스러워하는 학생들이 많다. 교과서를 보자니 설명이 너무 빈약하고 참고서를 보자니 그 엄청난 양이 부담스럽다. 그래서 과학탐구는 너무 비효율적인 학습이 아닌가 하는 의문이 들고 덩달아 의욕도 떨어질 가능성이 높다.

개념 잡고! 기출문제 잡고!

과학탐구영역은 기본 개념을 정확하게 이해하는 게 상당히 중요하다. 교과서를 보면 이해가 되는 것 같은데 문제를 풀어보면 이것도 맞는 것 같고 저것도 맞는 것 같아 헷갈릴 때가 많다. 기본 개념이 명확하지 않기 때문이다. 인터넷 강의의 장점은 기본 개념을 명확하게 설명하고 그 설명을 바탕으로 문제를 푼다는 점이다. 게다가 기본 개념을 확실하게 정리해주는 '특급 강사' 들이 인터넷 강의에 출연하고 있다.

단원의 기본 개념을 숙지하는 건 과학탐구 상위 5퍼센트에 오를 베이스캠프를 차린 것과 같다. 인터넷 강의를 꾸준히 듣기 힘든 상황이라도 주어진 단원을 어떤 식으로 공부해야 하는지 방향을 파악하고 학습의 힌트를 얻을 수 있다면 충분하다.

인터넷 강의를 통해 어느 정도 개념이 잡혔다고 판단되면, 풍부한 예시가 있는 참고서와 문제집을 선택해 학습에 충실해야 한다. 과학탐구영역의 최신 경향은 원리를 실생활에 적용해서 문제를 만들어내고 있으므로 예시들을 충분히 읽어두는 것이 중요하다.

기출문제를 한꺼번에 풀어 문제의 출제 경향과 출제 흐름을 파악해놓는 건 상위 5퍼센트의 공통점 중 하나다. 일단 모의고사나 수능 기출문제를 내려받아서 시험지처럼 인쇄한다. 그 다음 한국교육과정평가원 홈페이지에서 OMR답안지를 내려받아 인쇄한 후, 과학탐구영역 시험 시간에 맞춰 풀어본다.

다 풀고 나면 연도별 출제 단원과 출제 경향 등을 스스로 분석해본다. 여기서 중요한 건 수능 기출문제집을 구입해 풀어보는 것보다 직접 인쇄해서 풀어보는 것이다. 기출문제의 유형과 난이도가 언제나 학습의 바로미터가 되어야 하기 때문이다. 학교나 학원에 들고 다니면서 보기에도 편하고, 문제에 친숙해지고 감을 잡기 위해서도 필요하기 때문에 최신 기출문제는 항상 휴대하고 다니자.

개념도 아는데 왜 틀릴까?

과학의 기초 개념과 문제 풀이가 뒷받침되는 실력자가 상위 5퍼센트에 진입하지 못하는 이유는 실제 시험에서 제 실력을 제대로 발휘하지 못하기 때문이다. 괴변 같지만 정설이다. 기초 개념을 다지고 문제 풀이 연습까지 했으면 시험 문제도 맞아야 하는데 왜 틀릴까? 그 이유에 대해 꼼꼼히 살펴보자.

첫째, 한순간의 판단 실수, 문제를 잘못 읽은 경우다. 실력을 쌓았다면 문제를 풀 때 꼼꼼하게 검토하는 습관을 가져야 할 것이다.

둘째, 생소한 문제들이 나오기 때문이다. 주로 일상생활과 접목시킨, 그 어느 모의고사나 문제집에서도 보지 못한 실험이나 지문이 등장해서 학생들을 혼란에 빠트린다. 그러나 이런 문제들은 공통과학을 벗어나지 않는 개념들이며 충분히 풀어낼 수 있다. 지레 겁먹고 안 되겠다는 생각이 들면 쉬운 개념도 적용이 안 되는 게 사람의 두뇌다.

셋째, 개념을 잊었거나 헷갈려 하는 경우이다. 무엇이든 자주 접하지 않으면 가물가물해진다. PH가 낮으면 산성이 센 건지 약한 건지, 인공위성의 목적은 과학인지 통신인지, 심발지진은 뭐고 천 발지진은 뭔지, 개념을 명확히 학습했어도 시간이 지나고 오랜만 에 풀어보는 문제라면 기억나지 않는 게 당연하다. 따라서 개념은 처음부터 확실히 잡아두는 것이 좋다.

과학 개념 일기 쓰기

위와 같이 오답을 표기하는 일을 예방하는 좋은 학습 습관 중에 하나가 자신만의 과학 개념 일기를 써보는 거다. 과학은 정리가 필 수적인 과목이다. 용어, 법칙, 원리 등을 무조건 외우기보다는 먼 저 이해하고 난 후 서로의 연관성을 고려하여 정리하는 것이 중요 하다. 용어와 법칙, 원리는 따로 존재하는 것이 아니라, 서로 연관 되어 있기 때문에 관련이 있는 것끼리 모아서 정리하면 학습 효과 가 크다. 여러 가지를 따로 외우려고 하면 잘 외워지지도 않고 어 디에 어떻게 적용해야 하는지도 빨리 생각나지 않는다. 그러므로 새로운 상황이나 과학적 문제를 접했을 때 적절한 원리와 법칙을 이끌어내 해결하려면 어디에 어떤 법칙과 원리를 적용하는지 잘 알아두어야 한다.

용어나 법칙은 과학 현상을 함축적으로 설명한 것이므로 외우기만 하면 이해하기가 어렵다. 만약 머릿속에 이해 없이 정리도 하지않고 외워두기만 하면 실전에서 제대로 활용해보지도 못하는 경우를 초래할 가능성이 높다. 헷갈리는 개념이 나올 때마다 다시 책을들추고 개념을 찾아보는 데 시간을 허비하는 것도 아까운 일이다.

과학 노트 정리법_ 개념의 흐름을 잡아라

과학 노트를 정리하는 데 있어 중점적으로 정리해볼 사항은 먼저, 상위 개념과 하위 개념의 분류다. 과학은 과학을 구성하는 커다란 개념과 그 개념에서 나온 세부적인 개념으로 학습이 구성되어있다. 이러한 흐름을 알고 그 흐름 속에서 노트를 정리하면 암기에도 더욱 효과적이다. 또한 두세 가지의 색으로 중요한 개념과 자신이 시험에서 자주 틀리는 내용을 구분해서 정리하면 인풋 대비 최고의 아웃풋을 기대할 수 있다.

암기와 말하기로 정복하라

영이 공부의 시작은 단어 암기다. 단어의 뜻도 모른 채 '그냥 자주 들으면 언젠가는 되겠지' 라는 생각에 미국 방송을 듣는 학생도 있지만 그 효과를 보려면 시간이 오래 걸린다. 일단 단어는 '많이' 암기해야 한다. 상위 5퍼센트 학생들이 가장 많이 사용하는 단어 암기법에 대해 알아보자.

첫째, 문장 전체를 암기한다.

둘째, 연상 작용을 이용한다.

셋째, 단어의 어원을 찾아보고 의미 단위로 나눠서 암기한다.

넷째, 관련된 단어를 함께 암기한다.

다섯째, 고함치듯 큰소리로 말하면서 암기한다.

여섯째, 단어장을 만들어서 관리한다.

단어 암기법을 벤치마킹하라

어떤 방법이든 상위 5퍼센트 학생들의 단어 암기법을 벤치마킹하는 것은 필요하다. 단어장을 만들었으면 외워야 한다. 큰소리로 발음하고 그 단어의 의미를 몸으로 표현하며, 또 단어의 의미로 연상하면서도 외우고, 단어장을 지니고 다니면서 외우면 된다.

머리가 좋고 나쁨의 문제를 떠나 아주 특별한 경우가 아니라면 사람의 뇌는 시간이 지나면 잊고 만다. 오늘 100개를 외우면 내일 30개 기억하고, 모레가 되면 20개, 그렇게 점점 잊게 된다. 그럼 어떻게 해야 할까? 간단하다. 잊어버리기 전에 또 보면 된다. 'I am a boy', 'school', 'student', 'love'의 뜻을 당연하다는 듯 기억하고 있는 것은 그만큼 이 단어들을 자주 접했기 때문이다. 아무리 어려운 단어라도 자주 접하면 절대 안 잊어버린다.

듣기, 읽기, 쓰기는 따로국밥이 아니다

풍부한 단어 실력을 바탕으로 영어 학습의 기본이 성립되었다면 다음은 영어 공부의 목적에 대해 재정립해야 한다. 영어 공부는 문법 이해, 독해, 듣기를 통한 문제 풀이가 목적이 아니다. 말 그대로 언어이고 언어는 의사소통이 가장 중요하다. 의사소통의 시작은 말하기, 그리하여 말하기를 목적으로 공부해야 한다.

말하기를 중심으로 영어 공부를 하라고 하면 많은 학생과 학부모들은 원어민 교사와 함께 회화 수업을 해야 한다고 생각한다. 하지만 대부분의 시간을 학교에서 보내는 학생들에게 새로운 학습의 인풋 없이 1주일에 한두 시간 단순히 원어민을 앞에 두고 대화를 나누는 방법으로 말하기 실력을 키우기는 어렵다. 말하기를 잘하기 위해서는 영이 학습을 듣기, 읽기, 쓰기, 그리고 생활영어로 나누고 있는 마인드부터 바꾸어야 한다. 우리말에 '생활국어'가 따로 없듯이 영어에도 생활영어가 분리되어 있지 않다.

우리는 제대로 된 정보를 얻기 위해 독해를 하고, 상대의 말을 경청하여 의미를 파악하고자 듣기 공부를 한다. 이 모든 것의 종착지는 말하기, 즉 커뮤니케이션이란 점을 염두에 두고 공부해야 한다. 자신의 감정과 말의 뉘앙스를 제대로 전달하려면, 무슨 단어를 사용하고 어떤 문법을 사용하면 되겠다는 생각으로 공부하면 된다. 쉬운 문장 하나를 접해도 자신의 입으로 말할 수 있는 수준의 실력을 갖춰야 상위 5퍼센트 실력자라고 할 수 있다.

흔히 상위 5퍼센트의 영어 학습법에 대해 강의를 하면 모두들 이미 아는 내용이라는 듯 대수롭지 않게 생각한다. 아는 방법인데 중위권에 머물고 있다면 실천에 대해 냉정하게 생각해보자. 실천하고 있다면 상위 5퍼센트 안에 이미 들어와 있어야 한다. 상위 5퍼센트의 가장 핵심 경쟁력은 '실천'임을 다시 한 번 강조한다.

영어 학습법 가이드 실천맵

❶ 학습의 목표를 명확히 한다.

영어 학습의 목표는 의사소통 능력이다. 의사소통을 위해 명확하게 단어를 외우고 문법을 공부하며, 상대방의 의도를 정확하게 파악하고자 듣기 공부를 한다. 일단 목표가 명확해야 전략을 세우고 목적지까지 갈 수 있다.

❷ 의사소통이 된다면 다음은 그 수준이다.

과거 하버드대 입학 시험에서 최고로 뽑힌 에세이는 "내가 가장 좋아하는 것은 쓰레기를 줍는 일"이라고 시작한다. 매일매일 집 앞에 있는 쓰레기를 주우면서 느꼈던 점과 그런 습관으로 쓰레기에 집착했다는 경험을 재미있게 풀어내서 호기심 많은 자신의 성격을 부각시킨 내용이었다. 의사소통이 가능하다면 다음은 자기의 생각을 좀 더 개성 있고 명확하게 전달하는 능력을 키우기 위해 노력해보자.

논술

생각을 정리하는 훈련

글쓰기 능력이 점점 더 중요해지고 있다. 단순히 시험 성적으로만 인재를 판별하는 시대를 지나 이제 글로써 자신의 생각과 자기만의 철학을 표현하는 능력으로 평가하고 있다.

최근 학생들의 수행평가나 어떤 주제에 대한 글을 살펴보면, 인터넷에서 따온 의견을 그대로 짜깁기하는 경우가 대부분이다. 무엇을 써야 할지 전혀 모르겠다고 이야기하는 학생들이 많은데 일단 떠오르는 대로 끼적거려보자. 방법만 알면 누구나 수준 있게 자기 생각을 표현하는 논술이 가능하다.

논술 전개 4단계 비법

우선 글을 전개하기 전에 결론은 내리고 시작하는 것이 좋다. 비록 자신의 생각에 일장일단이 있어서 애매한 입장이라고 해도 일단 한쪽 방향으로 결론을 정해라. 그렇게 강력하게 주장할 필요가 있다. 또한 자신의 경험을 바탕으로 한 글은 기본적으로 상위 20퍼센트 안에 들어가는 글이다. 남의 이야기보다 훨씬 더 생생하고 개인의 특징이 표출되기 때문이다. 다음 문제를 읽고 논술에 한 발자국 다가가보자.

일제고사에 대한 자신의 생각을 논하시오.

일제고사 시험지를 처음 봤을 때의 느낌을 떠올려보자. 전국의 모든 학생들이 같은 시간에 같은 문제를 풀고 있고, 맞힌 문제의 개수에 따라 서열이 매겨지는 것이 일제고사다. 현재의 수준 진단을 위해서 반드시 필요한 것인지, 아니면 단편적 지식 암기와 과도한 경쟁만 부추기는 제도인지 자신이 주장할 방향을 결정하자. 방향을 결정했으면 일제고사의 이미지를 떠오르는 대로 정리해보자. 어려울 것 없다. 자문자답을 하면서 정리하면 된다.

이렇게 스스로 묻고 답할 수만 있어도 좋은 글이 나올 수 있나. 확실한 주제와 방향을 생각하면서 자신의 생각을 있는 그대로 쓰면 된다.

인터넷으로 찾은 글을 쓸 때 그 내용을 자신이 쓴 것처럼 하면 안 된다. 다만 "관심이 있어서 인터넷을 찾아봤더니 이렇게 나와 있다", "인터넷에서도 이런 의견들이 많았다" 하는 정도로 인용해서 자신의 주장이나 문장의 논리를 더 매끄럽게 쓸 수 있게 도와주는 도구로 활용하면 멋진 글이 될 수 있다.

좋은 글은 자신의 생각이 잘 정리된 글이다. 인용은 하나의 노하우일 뿐이고 자신의 생각을 글로 바꾸는 훈련부터 해야 한다. 일제고사에 대해 반대하기로 했다면 역시 스스로에게 물어봐라.

Q 일제고사의 가장 큰 문제는 무엇일까?

A 각자의 개성과 능력을 인정하지 않는 학업능력 측정의 획일화, 과도한 점수 경쟁을 통한 인성교육 후퇴, 사교육 조장 우려, 자율과 다양성이라는 새 정부의 교육 정책과 어울리지 않는 제도이다.

문장을 쓴다고 생각하지 말고 우선은 연습장에 자기의 생각을 끼적이면 된다. 그 다음에는 자신이 알고 있는 일제고사의 목적과 관련한 사실을 아주 사소한 것까지 쓰면서 나열해본다.

시험은 다들 명확한 목적이 있다. 사법고시는 법을 제대로 공부한 사람에게 법의 집행을 맡겨야 하기 때문에 보는 시험이고, 운전면허는 모두의 안전을 위해 도로 지식이 없는 사람을 걸러내기 위한 수단이다. 수학능력시험은 대학 과정을 수학할 수 있는 능력을 측정하기 위해 만들어진 시험 방식으로, 공정한 경쟁을 통한 변별력이 중요하기 때문에 동시간대에 시험을 보는게 맞다.

그런데 일제고사는 왜 전국의 학생들이 동시간대에 시험을 봐야 하는지 정확한 이유를 모르겠다는 생각이 들면, 자료를 인용하여 설명을 쓰면 된다. 예를 들어, 정확한 시험 취지가 궁금하면 인터넷에서 검색해보자.

216

검색 결과 : 일제고사를 치르는 취지가 학생들의 성취 수준 파악과 학업부진 학생 지도가 목적이다.

자, 이제 자신의 생각을 적어보자.

학생들의 성취 수준을 파악하는 데 굳이 전국의 모든 학생들이 동시에 시험을 볼 필요가 있을까, 학업부진 학생을 전국적인 교육기관보다 각 학교에 맡기는 것이 더 좋지 않을까, 학습진단평가인데 학교나 시도 교육청별로 서열을 매기고 발표하는 것이 굳이 필요할까?

이렇게 머릿속에 떠오르는 생각들을 나열해보고 나중에 좀 더 매끄럽게 정리하면 된다. 결론적으로는 자신이 생각한 문제에 대해 딱 떠오르는 대안으로 주장을 하면 된다. 학생들의 성취 수준을 파악하는 게 목적이라면 샘플로 측정을 하고, 각 일선 학교의 평가 방법을 개선하는 등 장기적인 안목으로 시험의 목적을 달성해야 한다는 식으로 대안을 제시하면 훌륭한 논술이 완성될 수 있다.

이처럼 지금 떠오르는 생각을 정리하는 훈련만으로도 누구나 상위 5퍼센트 수준의 논술이 가능해진다.

공부를 잘하고 성실한 천성보다 더 중요한 것은 자기 인생의 '오너 마인드'다. 명심하라! 상위 5퍼센트의 성적은 한시적이지만 오너 마인드는 영구적이다. 이것은 청소년 시기에 확립해야 할 상위 5퍼센트의 가치이다. 혼날 짓 안 하는 학생보다 잘 혼나는 법을 아는 학생이, 공부 열심히 하는 학생보다 공부를 어떻게 해야 하는지 아는 학생이 '레어 아이템'이다.

07

과목별 경시대회
나의 경쟁력을 업그레이드하라

전국적인 단위로 실시되는 인증시험이나 경시대회는 현재 자신의 실력을 한눈에 알 수 있는 리트머스 시험지와 같다. 현재 특목고에 재학중인 학생들 거의 모두가 영어 공인 점수와 경시대회 참가 기록을 갖고 있다. 비록 중·고등학교 입시에서 경시대회를 배제하고 공식적인 가산점도 없으며, 현 입시제도에서 토플이나 토익 성적을 기재하는 것 자체만으로도 감점 요인이라고 강조하는 실정이지만, 학습 동기부여와 깊이 있는 실력 배양을 위해 경시대회만큼 좋은 게 없다. 또 영구 불멸하게 기재할 수 없다고 생각하지 않는다.

급변하는 입시 전형에서 객관적이고 깊이 있는 실력을 키울 수 있는 경시대회에 대해 알아보자.

학습의 동기를 부여해주는 영어 인증시험

영어 인증시험은 어떤 학생이든지 부담스러워한다. 그런 만큼 그 시험을 철저히 준비해서 고득점을 받는다면 당연히 경쟁에서 앞서나갈 수 있다. 권위 있는 영어 시험의 고득점 성적표가 곧 영어 실력의 공인증서요, 경쟁의 강력한 무기가 되고 있다.

경시대회의 중요성을 생각한다면 지금 당장의 어려움은 미래를 밝히는 등불이라는 생각으로 이겨내야 한다. 인증시험과 경시대회는 준비하는 것 자체가 영어 실력을 급격히 상승시키는 모멘텀이 될 뿐만 아니라, 특목고 합격에도 큰 영향력을 발휘할 수 있다. 초등학교 때 인증점수를 갖고 있다면 국제중 입시에도 물론 유리할 수 있다. 영어 인증점수가 입시 제도의 근본적인 변화로 현재 상당히 홀대받는 것처럼 보이지만, 면접에서든 일상에서든 인증점수를 갖고 있는 학생들의 실력은 충분히 어필될 수 있는 소지가 있다.

특목고 합격이 영어 공부의 궁극적인 목표가 아니라면, 당장의 전형 변화에 흔들리지 말고 인증시험을 준비하는 자세가 중요하다. 특히 토플은 거의 모든 대학생이 희망하는 교환학생 전형에서도 매우 중요한 요소를 차지한다. 요즘은 교환학생제도가 보편화되어 어느 정도 뒷받침만 가능하다면 누구나 교환 학생으로서 유학이 가능하다. 그때 꼭 필요한 게 토플 점수다.

초등학생에게 특목고 입시나 대입 전형, 교환학생 등은 조금 먼 이야기로 들리는 게 사실이다. 그러므로 주기적으로 두 가지 정도의 인증시험 및 경시대회에 초점을 맞춰서 공부하면, 목적의식이 생겨 공부의 효율을 확실히 높일 수 있다.

경시대회 참여는 전국적인 영어 경쟁력을 확인할 수 있는 계기가 된다. 대부분의 학부모들은 학원 내에서 실시하는 정기적인 시험이나 학교 성적 정도를 가지고 학생의 실력을 판단하고 실력 향상도를 평가하는 경우가 많다. 하지만 특목고 시험은 전국적인 경쟁이다. 실제로 초등학생들의 인증시험 및 경시대회 상위권이 특정 지역에서 50퍼센트까지 차지하고 있는 게 대한민국의 엄연한 현실이다.

가장 중요한 건 영어 인증시험과 경시대회에서 거둔 우수한 성적이 특목고 합격의 열쇠인 내신 성적 향상에도 분명 유리하게 작용한다는 사실이다. 100미터를 12초에 뛰기 위해 훈련한 선수에게 14초 안에만 뛰면 되는 시합이 있다면 부담 없이 뛸 수 있는 것과 비슷한 원리다.

공인 영어 점수와 경시대회 참가 기록을 갖고 있는 학생들을 타깃으로 수업하는 데 익숙한 강사들이 특목고 선생님들이란 점을 비추어 본다면, 성적의 정도를 떠나 특목고 입학 후 원활한 학교생활을 점쳐본다는 생각으로 도전해볼 만한 가치가 충분히 있다.

시험에 대한 도전으로 자신의 실력을 업그레이드하고 싶은 학생은 영어 인증시험에 대비해 특목고 이후의 생활도 탄탄히 준비해 나가자. 인정하고 싶지 않아도 영어 인증시험 고득점 학생의 수가 영어 내신 1등급 학생의 수보다 훨씬 적다. 우수한 인재를 뽑고 싶은 학교 선발자의 본능상 어떤 방식으로든 영어 인증시험 성적을 확인하고 싶어할 확률이 높다.

어떻게 바뀔지 모르는 입시! 안전하게 대비하는 차원에서 영어 인증시험의 대표격인 IBT 토플을 중심으로 각종 영어 인증시험에 대해 살펴보자.

1) TOEFL

TOEFL(Test of English as a Foreign Language)은 영어를 모국어로 하지 않는 비영어권 국가의 학생들이 미국이나 캐나다를 비롯한 영어권 국가에 유학을 갈 때 지원자의 영어 능력을 검정하기 위한 시험이다. 주관은 미국 뉴저지에 위치한 ETS(Educational Testing Service)에서 하고 있다. CBT(Computer Based Test)는 미국과 캐나다를 시작으로 1998년 7월부터 컴퓨터를 도입하여 시행되는 형태로써, 기존의 PBT 방식보다 훨씬 더 탄력적으로 시험을 치를 수 있다는 장점이 있다.

이렇듯 토플이 종이에서 컴퓨터, 인터넷 기반으로 바뀐 건 외국

학생들의 수학능력을 정확히 측정하고자 하는 ETS의 의지를 표현한 것이다. PBT는 문법을 기반으로 한 필기시험이고 CBT도 방식만 컴퓨터로 바뀌었지 문법을 기반으로 한다는 점에서 큰 변화는 없다. 그런 시험에 고득점을 받은 학생들이 미국에 가서 수업을 이해하지 못하고 리포트를 작성하지 못하는 현실을 개선하고자 나온 시험이 IBT다. 철저하게 미국의 대학생활을 그대로 시험에 적용하고 그 상황에서 직접 강의를 듣고 의견을 말하고, 리포트를 쓰고, 강의록을 읽고 시험을 보는 등, 철저한 학교생활 기반 영어를 시험하는 것이다.

››› IBT 토플이란?

IBT 토플의 가장 큰 특징은 한국 학생들이 가장 강하고, 가장 열심히 공부했던 structure 섹션이 사라졌다는 점이다. 그렇다고 해서 문법 평가를 안 하겠다는 의미는 아니다. 많은 사람들이 이제 문법 공부는 안 해도 된다고 착각하지만 절대 그렇지 않다. 훨씬 더 어려운 문법 평가인 실생활 활용도를 테스트한다. 수험자가 말하고 쓰는 것을 토대로 실제 언어를 사용하는 상황에서 문법 활용 능력을 측정하겠다는 의도다.

따라서 기존의 암기식과 기계식 문법 학습에서 벗어나 실제로 쓰고 말하는 연습을 통해 자연스럽게 문법 지식을 활용하는 연습이 필요하다. 엄밀히 따지면 문법이 한 섹션에 그쳤다 없어진 게 아니라 두 섹션으로 늘어났다고 봐야 한다. 내신 강화 정책도 문법 공부를 소홀히 하지 말아야 하는 중요한 이유다.

한국의 영어 교육 환경에서 객관성이 확실히 보장되지 않는 스피킹과 리딩으로 평가를 측정하기란 쉽지 않다. 또 한국의 영어 교사들이 가장 강한 분야가 문법이다. 선생들도 자신이 잘 평가할 수 있는 부분에서 시험 문제를 낼 수밖에 없다. 내신이든 IBT든 문법 공부는 결코 소홀히 해서는 안 된다.

〉〉〉 각 영역별 노하우

Reading 종전처럼 아카데믹한 지문을 읽고 이해하는 능력을 측정한다는 점에서는 변화가 없지만, 한 지문당 단어 수가 650~700개 정도로 기존의 시험보다 지문의 길이가 훨씬 길어졌다. 그렇게 긴 지문을 읽고 12~17문제를 푸는 데 주어지는 시간은 고작 20분이다.

모든 내용을 해석하고 암기할 수는 없다. 디테일한 지문의 해석을 묻지 않는 IBT 리딩의 특성을 파악하고 빠른 시간 내에 주제와 소재, 비교·대조의 어휘를 파악하는 훈련을 하면서 문제를 풀어 내야 한다. 지문의 개수는 총 2~3개 정도이며 그림과 함께 제시되는 지문도 있다. 시험 시간은 지문 한 개당 20분이다.

 기존 CBT 시험의 짧은 대화가 사라지고 수험자들에게 어렵게 느껴지는 긴 대화, 강의, 토론만으로 리스닝 시험이 구성된다. 반면 리스닝 시험에서 노트 테이킹(note taking)이 가능해졌다. 간단하게 핵심만 찾아서 노트 테이킹할 수 있는 연습이 필수가 됐다.

또한 영어가 실제 사용되는 상황과 최대한 유사하도록, 듣기 지문에 미국식 발음 외에 영국이나 호주식 발음이 섞여 있고, 화자의 억양이나 톤을 바탕으로 화자의 태도나 의도 등을 파악하는 문제 등이 새롭게 추가됐다. 리스닝을 위한 최선의 공략법은 많은 어휘를 파악하는 것이다. 어휘 중심으로만 들어도 어느 정도 문제의 실마리를 찾을 수 있다. 단, 정확한 원어민의 발음으로 어휘를 외어야 리스닝 시험에서 효과를 발휘할 수 있다.

Speaking 기존에 없던 말하기 영역이 추가되었다는 사실이 IBT 토플의 가장 큰 변화 중 하나다. 스피킹 섹션은 개인적인 의견을 자유롭게 말하는 '독립형 과제'와 강의나 대화를 듣고 말하거나 독해 지문을 읽고 관련된 강의나 대화를 들은 후 이를 기반으로 말하는 '통합형 과제'로 크게 나뉜다. 스피킹 섹션 역시 리스닝 섹션과 마찬가지로 노트 테이킹이 가능하지만, 생각할 수 있는 시간이 15~30초 정도, 말하는 시간은 1분 이내로 상당히 짧다. 일단 생각나는 대로, 하지만 논리적으로 간략하게 말하는 연습을 해야 한다.

여기서 중요한 건 억양이나 발음이다. 그냥 의사소통만 되면 된다는 생각은 위험하다. 그럴 것이라면 라이팅 테스트만으로 충분히 측정이 가능하다. 스피킹 테스트를 굳이 보는 건 정확하게 이야기하고 발음하고 올바른 억양으로 자신의 뜻을 전달하는가를 측정하기 위해서다. 유창한 문장이 아니더라도 자신이 하고자 하는 이야기를 잘 전달하기 위한 노력이 수반되어야 한다. 문제는 독립형 과제 2개, 통합형 과제 4개 등 총 여섯 과제로 헤드셋을 통해 자신의 생각을 녹음하면 된다. 시험 시간은 20분이다.

Writing 라이팅 섹션도 스피킹 섹션과 마찬가지로 주어진 지문을 읽고 관련 강의를 들은 후 주어진 시간 내에 타이핑하여 문제에 답하는 형식이다. 독해와 청취시 노트 테이킹을 효율적으로 해서 실제 답안을 작성할 때 최대한 활용할 수 있어야 한다. 또 컴퓨터에 직접 작문을 해야 하기 때문에 평상시 충분한 속도의 영타가 가능하도록 연습을 하고 시험을 봐야 한다.

자신의 생각을 적는 독립형 과제와 강의와 지문을 보고 요약하는 통합형 과제 등 총 두 문제로 작문 시간은 총 50분이다.

››› IBT 토플의 이해를 위한 몇 가지 조언

① 시험은 각 지역의 정해진 시험장에서 전 세계적으로 동시에 인터넷을 기반으로 실시된다. 약 4시간 동안 실시되며 리딩과 리스닝 후 10분의 휴식 시간이 주어진다.

② 리딩, 리스닝, 스피킹, 라이팅의 순서로 시험이 진행되며 영역별로 30점씩 총 120점 만점이다. 문법은 스피킹, 라이팅 영역을 통해 평가받는다.

③ 전 영역에 걸쳐 노트 테이킹이 허용된다. 시험 직전에 A4지 3장과 연필을 받게 된다.

④ 리스닝은 적어도 강의 한 개가 영국 발음이나 호주 발음으로 나올 수 있다.

⑤ 스피킹과 라이팅은 읽고 듣고 말하기, 듣고 말하기 등과 같은 통합 과제들이 포함된다.

⑥ 스피킹은 헤드셋을 통해 응답을 녹음하게 되며 모든 응답은 인터넷을 통해 ETS사로 보내진다.

⑦ 라이팅은 컴퓨터 자판을 통해 응답을 입력하며 손으로 써서 답안을 작성할 수 없다.

⑧ 시험 접수와 성적 통보는 모두 온라인을 통해 이루어진다. 성적 확인은 시험 응시 후 15일 후 온라인으로 확인할 수 있으며 우편으로도 받아볼 수 있다.

2) TEPS

TEPS(Test of English Proficiency developed by Seoul National University)는 30여년 정부어학능력 평가의 경험을 바탕으로 서울대학교 언어교육원에서 만들어낸 실전영어능력 평가 시험이다. 점수는 990점 만점으로 얼핏 보기에는 TOEIC과 비슷한 시험으로 보이지만, 오히려 영어로 된 학문을 이해할 수 있는가를 평가하는 TOEFL과 유사하다. 시험의 구성은 총 4가지로 되어 있다.

››› 각 영역별 노하우

Listening 청해 영역 총 60문항을 55분간 풀게 되며 배점은 990점 중 400점이다. 대의파악, 세부내용파악, 추론 유형을 포함해 모든 듣기 영역을 포함한다. 파트 1부터 3까지는 대화체로 구성되어 있으며, 파트 4는 강연, 방송, 안내, 광고 등 다양한 분야의 1인 담화로 구성되어 있다.

TEPS의 청해가 어렵게 느껴지는 이유는 TOEIC 시험과 달리 시험지의 문제가 표시되어 있지 않기 때문이다. 이는 철저하게 듣기만을 보겠다는 계산이다. 또 한 문제에 한 가지 질문만 나오므로 지문 듣기를 놓쳤다고 해도 한 문제에만 영향을 끼치는 장점이 있다. 물론 한 문제를 통해 다음 문제를 예측하면서 풀 수 있는 요령은 기대할 수 없다.

Part 1_ 한 문장을 듣고 이어질 대화로 가장 적절한 답 고르기 15문제

Part 2_ 짧은 대화를 듣고 이어질 대화로 가장 적절한 답 고르기 15문제

Part 3_ 긴 대화를 듣고 질문에 가장 적절한 답 고르기 15문제

Part 4_ 담화를 듣고 질문에서 가장 적절한 답 고르기 15문제

Grammar 문법은 총 50문항을 25분에 풀고 배점은 100점이다. TOEFL의 문법 시험은 작문을 통한 간접 평가인데, TEPS의 문법 시험은 철저한 원어민 중심의 문법을 얼마큼 이해하고 있는지, 내재화된 영어 문법 실력을 평가하는 데 그 목적이 있다.

문법은 문법에 강한 한국 학생들도 상당히 어려워하는 분야 중에 하나다. 교과서에 나와 있는 문법보다 영어권 국가 사용자들의 표준어 사용을 기본으로 한 문법 문제가 많이 출제되기 때문이다. 실질적으로 외국에 나가서 공부를 하는 데 문제가 없을 만큼의 수준을 측정하기 위함이기 때문에 현지 언어 사용의 트렌드에 관심을 갖고 공부해야 고득점이 가능한 영역이다.

Part 1_ 대화문의 빈칸에 가장 적절한 답 고르기 20문제

Part 2_ 단문의 빈칸에 가장 적절한 답 고르기 20문제

Part 3_ 대화에서 어법상 틀리거나 어색한 부분 고르기 5문제

Vocabulary 다양한 분야의 학문을 하고 고급스러운 의사소통을 위해서는 어휘의 적절한 사용이 매우 중요하다. 진짜 영어 실력 측정을 목적으로 하는 TEPS 시험에서 어휘는 얼마나 수준 있는 영어를 다양한 상황에서 적재적소에 사용할 수 있는가를 간접적으로 테스트하는 영역이다. 총 50문제를 15분 안에 풀어야 하며 배점은 100점이다.

파트의 구분은 구어체와 문어체를 기준으로 나뉘며, 구어체의 경우 원어민들이 일상 대화에서 자주 쓰는 표현, 숙어, 속담 등이 다양하게 출제된다. 문어체의 경우에는 학술적, 전문적 소재의 고급 어휘들이 출제된다. 문맥과 동떨어져 영단어의 한국어 번역을 일대일로 암기하는 어휘 학습은 말하기나 쓰기를 통해 어휘를 직접 사용할 때 어려움을 겪을 때가 많다. TEPS 어휘 영역에서는 한국어 번역 의미가 같더라도 문맥상 의미상으로 다른 뉘앙스를 구별하는 문제가 자주 출제되므로 한 단어를 외우더라도 다양한 의미를 함께 암기하고, 동의어에 대한 공부도 철저히 해야 한다.

같은 의미를 다른 단어로 표현해서 시험자의 혼란을 도모하는 것은 TOEFL도 마찬가지다. 동의어의 다양한 뜻을 알고 있어야 어휘 영역에서 고득점이 가능하다.

Part 1_ 대화문의 빈칸에 가장 적절한 어휘 고르기 25문제

Part 2_ 단문의 빈칸에 가장 적절한 어휘 고르기 25문제

Reading TEPS의 독해 영역은 학문 분야, 일반교양, 비즈니스 등 폭넓은 분야에서 출제된다. 비즈니스 중심의 TOEIC이나 학술적 지문 중심의 TOEFL보다 출제 범위가 훨씬 더 광범위하다. 총 40문제를 45분 안에 풀어야 하며 배점은 400점이다. 특별한 요령이나 기술로 대처하기 어려우며, 평소에 다독과 정독, 속독을 되풀이하여, 문장 단위의 독해는 물론, 단락과 텍스트 전체의 흐름과 핵심을 파악하는 훈련을 충실히 해야 한다. 독해 수준이 단순히 번역만으로 완벽하게 이해할 수 없는 내용들도 많기 때문에 다양한 한국어 지문을 읽을 때도 화자의 의도와 핵심을 파악하는 훈련을 한다면 글읽기 실력을 올리는 데 큰 도움이 된다.

Part 1_ 지문을 읽고 빈칸에 가장 적절한 답 고르기 16문제

Part 2_ 지문을 읽고 질문에 가장 적절한 답 고르기 21문제

Part 3_ 지문을 읽고 문맥상 어색한 내용 고르기 3문제 등

3) TSE

TSE(Test of Spoken English)는 영어가 모국어가 아닌 사람들의 영어회화 실력을 측정하기 위한 시험으로 레코드 테이프(Record Tape)를 이용하여 실시된다. TSE는 TOEFL과 별도로 작성하고 신청하며 1년에 12회 전 세계에 서 실시된다.

4) SSAT

SSAT(Secondary School Admission Test)는 미국 사립 중·고등학교 입학시험으로, 주관은 미국 중·고등학교 입학 시험처인 SSATB에서 한다. SSAT의 구성은 크게 어휘(verbal), 수학(math) 그리고 독해(reading comprehension)로 되어 있으며, 여기에 30분의 에세이를 치르게 된다. 각 섹션별 시험시간은 25분이 주어진다. SSAT는 주로 5학년에서 7학년이 치르는 Lower Level과 8학년부터 11학년 이상이 치르는 Upper Level이 있다.

5) SAT

미국의 고등학생들이 대학에 입학하기 위해서 보는 시험으로 모든 대학에서 필수적으로 요구하는 시험은 아니다. 한국에서는 일년에 7번 서울 외국어 고등학교에서 시험을 치른다. SAT(Scholastic Aptitude Test)는 추리능력을 시험하는 SAT-1과 글쓰기 실력을 시험하는 SAT-2로 나뉘는데, SAT-2는 과거의 TSW와 Achievement Test를 대치하는 시험이다. 우리나라 학생의 대부분이 토플시험만 치르고 이 시험은 응시하지 않지만 우수한 대학에 입학하기 위해서는 미국 고등학생과 마찬가지로 이 시험을 보는 것이 유리하다. 영어와 수학이 모두 800점 만점이며, 600점 이상이면 고득점으로 본다.

6) IET

IET(International English Test)는 연간 2회 영어 듣기, 독해, 어휘, 문법에 대한 인증 평가 시험이 실시되며 그중 약 300여 명을 선발하여 가을에 에세이, 영어 인터뷰 등 심층 평가를 실시한다. 학년별로 등급에 따른 영어 학력 인증서를 발급(5등급부터 인터넷 발급)한다. 시험 문제는 4개 영역을 종합적으로 실시하며, 평가는 부문별 · 학년별로 실시된다.

7) TOEIC

TOEIC(Test of English for International Communication)은 리딩과 리스닝의 내용은 비즈니스 커뮤니케이션 능력 측정에 목적이 있는 만큼 고급 영어보다 실용 영어에 중점을 둔 시험이다. 시험 연령에 제한이 없고 리스닝 100문제, 리딩 100문제 등 총 200문제가 7개 파트로 구성되어 있다.

Part 1_ 사진 묘사 listening

Part 2_ 올바른 질의응답 듣고 찾기

Part 3_ 짧은 대화 속 내용 파악하기

Part 4_ 긴 설명문 듣고 문제 풀이 listening

Part 5_ 긴 설명문의 단문 공란 메우기

Part 6_ 긴 설명문의 장문 공란 메우기

Part 7_ 긴 설명문의 독해 3개 Reading

8) TOSEL

토익이나 토플이 하나의 단일 난이도로 치러지는 것과 달리 토셀(Test of Skills in the English Language)은 초등학교 저학년과 고학년, 중학교, 고등학교, 대학생 및 일반인을 나누어 다른 수준의 문항으로 세분화해 영어 능력을 측정하는 것이 특징이다. 초등학생용 토셀은 그림이나 음성 언어를 많이 넣어 아직 문자에 익숙하지 않은 아이들도 흥미를 갖고 영어 시험을 볼 수 있다. 문자 언어를 주로 평가하는 다른 국내 시험과 달리 읽기, 쓰기, 말하기, 듣기의 4가지 영역을 모두 평가하는 것도 토셀의 장점이다.

 시험 및 평가 방식

① 레벨 5단계

　　– 초등학교 1, 2학년용 Starter 시험시간 40분

　　– 초등학교 3, 4학년용 Basic 시험시간 50분

　　– 초등학교 5, 6학년용 Junior 시험시간 50분

　　– 중학생용 Intermediate 시험시간 90분

　　– 고교생 이상 성인용 Advanced 시험시간 90분

② 지원은 응시자의 영어 수준에 맞춰 어떤 레벨이든 할 수 있다.

③ 읽기, 듣기, 말하기, 쓰기 등 4가지 영역에 걸쳐 평가해 1~10급으로 점수를 분류한다.

④ Intermediate와 Advanced 레벨은 쓰기 영역을 직접 평가 방식으로 치른다.

전국의 학생들과 실력을 겨루는 수학경시대회

　몇몇 경시대회를 제외한 전국 규모의 수학경시대회는 대부분 사설 경시대회이기 때문에 특목고 입시에 직접적인 플러스로 작용되지 않는다. 그러나 경시대회가 특목고로 가는 하이웨이라 말할 수 있는 것은 우선 경시대회를 통해 전국의 자기 또래들과 성적을 비

교해볼 수 있기 때문이다. 또 시험이 있으니까 아무래도 공부를 좀 더 하게 되고, 상을 받음으로써 수학에 대한 자신감을 갖고 성장하는 데 큰 도움이 되기 때문이다.

〉〉〉 수학경시대회의 종류

대중적인 수학경시대회를 알아보면, KMC(www.kmecenter.co.kr), HME(www.haebubmath.co.kr), NMC(www.didimdolmath.co.kr) 등이 있다. 그중 많은 특목고에서 공식적인 경시대회 입상 기록으로 인정하는 시험은 KMO 수학올림피아드다.

수학올림피아드는 1987년 제 1회 시험을 개최한 이후 2010년까지 24회에 이르고 있다. 16회까지는 1차 시험이었으나 17회 때부터는 1차, 2차 시험으로 치러지고 있다. 대한민국에서 치러지는 수학 경시대회 중 가장 권위 있는 시험이며, 이 대회 고등부 상위 6명에게는 국제수학올림피아드 출전 자격까지 주어지므로 말 그대로 국가대표 수학 영재를 뽑는 시험이다.

대회는 중등부와 고등부로 나뉘어 진행된다. 중등부는 초등학생과 중학생 모두가 응시 가능하고, 고등부의 경우 중학생과 고등학생 모두 응시가 가능한데, 국제올림피아드 진출을 원할 경우 반드시 고등부로 응시를 해야 한다.

매년 5, 6월경 실시되는 1차 시험은 시험장으로 유치되는 것만으로도 우수 학생들에게 학교가 홍보되어 시험 유치전마저 벌어질 정도로 권위를 인정받고 있는 대표적인 경시대회다. 초등 교과 과정만 배우고도 경시대회 문제를 풀 수 있으나 고등수학은 선행 학습을 해야 문제를 원만하게 이해할 수 있다. 결국 경시대회 고득점의 키는 선행 학습이다.

〉〉〉 경시대회 참가 전과 후

시설 기관이 경시대회도 일정을 확인해 가급적 많이 도전해보자. 선행 학습이 부족한 초등학생이라도 KMO에 한 번쯤은 응시하는 게 좋다. 최고 수준의 수학 문제를 얼마나 풀 수 있는지 도전해보고 전국적인 수준의 확인을 통해 신선한 자극을 받을 수 있다. 1년에 10차례 경시대회에 도전하는 강남이나 목동의 일부 초등학생들은 시험을 보고 도전하고 또 상을 받고 하는 일련의 과정을 즐기고 있다. 그런 학생들과 경시대회를 남의 일로 생각하는 학생들의 실력 차를 따로 설명할 필요가 있을까?

경시대회를 한 번 치러본 학생의 부모들은 '처음엔 학원이나 학교의 권유로 별생각 없이 갔는데 시험장의 열기를 보고 공부하는 아이들이 이렇게 많구나' 라는 생각에 목적의식을 갖고 다시 시험에 참여하게 된다고 한다. 학교 시험만으로는 자녀의 실력을 평가하기 어렵고 사교육으로 실력의 차이가 생기는 것은 이제 일반화

된 현실이다.

따라서 실력이 어느 정도인지 가늠하려면 전국의 학생들이 치르는 경시대회를 통해 순위를 알아보는 것이 좋다. 경시대회를 보고 나면 학생들의 평균과 전국 최고 점수, 성적, 영역별 틀린 문제와 맞은 문제 등 학생의 실력이 어느 정도인지 상세히 알 수 있는 성적표가 나온다. 이 성적표를 보고 마음을 다잡고 다시 공부해서 부족한 부분을 메우는 일련의 과정 속에 정상급 실력에 가까워지는 것이다.

현재 국제중이나 특목고 중에 수학의 경우 KMO 정도의 수상 자격만 전형에 반영한다는 학교가 많다. 하지만 앞으로 초등학생이 특목고에 갈 때쯤이면 어떤 경시대회의 입상 기록이 도움을 줄지는 또 모를 일이다. 일단 합격의 유무를 떠나 실력 상승을 가져오는 건 확실하다는 게 경시대회에 참가하고 있는 학생과 학부모가 이구동성으로 말하는 공통점이다.

누구나 도전할 수 있는 과학경시대회

잘 모르는 사람들은 과학경시대회 입상자라고 하면 천재나 영재를 떠올린다. 물론 뛰어난 아이들이 많지만 현장에서 수없이 많은 영재와 천재들을 상대해본 필자의 견지에서 봤을 때, 과학경시대회 입상은 영어 인증시험 고득점, 수학경시대회 수상보다 쉽다. 오랜 시간 내공이 축적되어야 수상이 가능한 영어 인증시험 고득점이나 수학경시대회 수상과 달리 과학경시대회는 일정한 선행 학습과 원리 이해만으로도 문제 풀이가 가능하고 천문, 화학, 물리, 생물 등 과학올림피아드의 종류가 매우 다양하기 때문이다.

내신 성적 향상이야 누구나 바라는 바지만, 탄탄하게 갖추어진 최상위권 그룹에서 내신 성적을 올리기란 만만한 일이 아니다. 그때 자기만의 경쟁력으로 과학경시대회를 준비해보자. 작은 상이라도 경력에 도움이 된다면 조금 떨어진 다른 부분을 극복할 수 있다.

현재 전국 과학고 입시 요강을 보면 일단 가장 중요한 건 역시 내신이다. 구술면접이 없어져 내신의 중요성이 더욱 커졌다. 전국 18개 과학고는 입학사정관에 의한 자기주도학습 전형과 과학창의성(과학캠프) 전형으로 2011년 신입생 1,460명을 선발할 예정이다. 내년도 과학고 입시의 특이사항은 경남 창원과학고(92명)가 신설되고, 울산과학고가 모집정원을 80명(20명 늘림)이며, 대구과학고는 과학영재학교로 전환된다는 점 등이다.

과학고 입시는 내신과 면접을 보는 자기주도학습 전형(457명)과 1박 2일 과학캠프를 통해 뽑는 과학창의성 전형(1,003명)으로 진행된다. 두 전형 모두 학교장 추천이 필요하므로 이를 받기 위한 경쟁이 치열할 것으로 전망된다.

전문가들은 "학교장 추천을 받으려면 수학·과학 과목에서 전교 상위 1~2퍼센트 이내를 유지해야 한다", "구술면접이 없어졌기 때문에 추천을 받고 합격할 수 있는 현실적이고 유일한 무기는 내신이다"라고 했다. 과거보다 내신이 더 중요해졌다. 한 학교에 1~2명만 가능한 학교장 추천을 받으려면 교내외 수학·과학경시대회에서 최상위권 입상이 필요하다. 모든 학생을 파악하기 힘든 각 학교장 선생님들의 마음을 먼저 움직이게 하기 위해서라도 경시대회 입상은 반드시 갖춰야 할 아이템이다.

과학창의성 전형은 2010년 영재학교 입학사정관 전형, 일반 전형의 과학캠프 심층 면접과 유사할 것으로 보인다.

창의성과 사고력을 측정하는 경시대회 기출문제를 많이 풀어보고 익숙하지 않은 새로운 유형의 문제나 팀 단위 프로젝트 수행 등을 평소에 꾸준하게 연습하는 것이 좋다. 경시대회에 출전해 입상까지 한다면 훨씬 더 유리한 합격의 고지를 점령할 수 있다.

>>> 도전해볼 만한 과학경시대회

주요 경시대회로는 시도 교육청 경시대회, 교육부 주최 경시대회, 국내올림피아드, 과학전람회, 발명품 경진대회, 발명품 전시회, 해당 학교 경시대회 등이다. 하지만 이 경시대회들의 입상자 수는 한정되어 있고, 경시대회의 성격상 한두 번의 응시로 입상하기가 쉽지 않다. 따라서 과학고를 목표로 공부하는 학생이라면 전국 규모의 여러 경시대회에 수시로 참가하여 본인의 실력 측정 및 입상 여부를 가늠해보자.

물론 경시대회 자격이 없다고 과학고 자체에 응시할 수 없는 건 아니다. 하지만 학교별 전형을 꼼꼼히 살펴보면 경시대회 자격증이 없는 학생은 내신 성적이나 과목별 성적이 훨씬 더 우수해야 입학 자격 조건을 얻을 수 있다. 과학고 합격생들이 대체로 과학올림피아드 입상 경력자라는 사실이 알려지면서 올림피아드의 열기는 점점 더 뜨거워지고 인플레 현상을 겪고 있기도 하다. 많은 학생들이 응시해 매번 수상자가 새롭게 탄생해서 변별력을 잃고 있다고 자칫 소홀히 생각할 수도 있으나 실상은 그렇지 않다.

또 과학경시대회에는 과학고를 지망하는 비슷한 또래 실력자들이 함께 시험을 보는 예비 모의고사의 성격도 있다. 입상 여부에 따라 어느 정도 수준의 학교에 지원할 수 있는지 가늠해볼 수도 있다. 특히 지방 학생이 우수한 학교 성적에 올림피아드 수상 기록까지 있으면 합격할 확률이 크게 높아진다. 전국 단위 시험이라고 해도 주요 수상자의 대부분이 수도권 학생이기 때문에 수도권 이외 지역 학생의 수상 기록은 희소성에서 한발 앞서 나갈 수 있다.

과학고 입시는 지원 자격이 엄격해 학교 성적의 편차가 거의 없다고 볼 수 있다. 따라서 물리, 화학, 생물, 지구과학 등 권위 있는 올림피아드 입상 성적을 갖고 있는 학생이 받을 수 있는 미세한 유리함이 당락을 좌우할 수도 있다. 또 올림피아드 성적 자체가 예비 과학도로서의 자질을 판별하는 고려사항이 될 수도 있기 때문에 충실히 준비해서 좋은 성적을 올린 학생이 유리한 게 당연한 현실이다.

과학올림피아드를 준비하며 쌓은 과학 실력 역시 수학올림피아드 준비와 마찬가지로 겹겹이 쌓여 향후 과학도로 성장하는 데 큰 밑거름이 될 수 있다. 과학경시대회와 더불어 공부를 열심히 해야 과학에 대한 흥미를 판단할 수 있다. 단순히 재미있는 과학 이야기에 흥미를 느낀 정도로는 과학고 학생의 기본 자질을 갖추었다고 볼 수 없다. 과학올림피아드 준비는 여러모로 유용하다. 수상을 통해 얻는 즐거움과 실력 상승의 덤으로 오는 또 하나의 즐거움이 있다. 다양한 과학올림피아드의 세계로 들어가보자.

1) KAO 한국천문올림피아드

이 대회는 청소년들에게 과학에 대한 관심을 높이고 국민들의 과학 마인드 함양에 기여하기 위해 실시하고, 한국천문학회 산하 천문올림피아드위원회가 주관한다.

〉〉〉 난이도

① 중등부 : 실러버스 내용 및 중학교 과학 교과 과정의 천문관련
분야와 국제천문올림피아드 주니어부 문제를 풀 수 있는 수준의
지식

② 고등부 : 실러버스 내용 및 고등학교 과학 교과 과정의 천문관
련 분야와 국제천문올림피아드 시니어부 문제를 풀 수 있는 수준
의 지식

〉〉〉 응시자격

① 중등 1부 : 국내 중학교 1, 2학년에 재학중이며 학교장의 추천
을 받은 학생

② 중등 2부 : 국내 중학교 3학년에 재학중이며 학교장의 추천을
받은 학생

③ 고등부 : 국내 고등학교 1, 2학년에 재학중이며 학교장의 추천
을 받은 학생

2) KChO 한국화학올림피아드

국제화학올림피아드에 참여하는 인재를 발굴하고 선발하여, 청
소년들에게 수준 높은 화학을 공부하는 동기를 부여하고 화학 영
재를 조기에 발굴하고 교육하기 위해 실시한다.

› › › 난이도 및 응시자격

① 중ㆍ고등학교 통합 화학 과정에 대한 이해여부 확인

② 중학교 2, 3학년 및 고등학교 1, 2학년 재학생

3) KPhO 한국물리올림피아드

한국물리학회 산하에 한국물리올림피아드 위원회가 시험 주관. 한국물리올림피아드 위원회는 한국과학재단의 한국 국제과학올림 피아드 위원회 산하로서 한국과학재단의 지원으로 운영되고 있다 (자세한 시험자격은 한국물리올림피아드 홈페이지 참조http://kpho.kps.or.kr).

4) KBO 한국생물올림피아드

한국생물올림피아드(KBO)는 국제생물올림피아드(IBO)에 참가 시키기 위한 우수한 생물 인재를 육성하기 위해 한국생물교육학회 의 주관으로 실시한다.

› › › 지원 대상

교육과학기술부 및 교육청에서 인정하는 정규학교에 재학중이고, 생 물 성적이 우수한 학생 중 학교장의 추천을 받은 자.

① 중학생부 : 중학교 1, 2, 3학년

② 고등학생부 : 고등학교 1, 2학년(3학년은 지원할 수 없음)

244